신문이 보이고 ❽
뉴스가 들리는

재미있는
**인체
이야기**

신문이 보이고 뉴스가 들리는 ⑧
재미있는 인체 이야기

개정판 1쇄 발행 | 2014년 2월 10일
개정판 6쇄 발행 | 2020년 12월 24일

지 은 이 | 현수랑 천명선
그 린 이 | 이지후 원일러스트
감　　수 | 강희철

펴 낸 곳 | (주)가나문화콘텐츠
펴 낸 이 | 김남전
편 집 장 | 유다형
편　　집 | 이보라
디 자 인 | 정란
마 케 팅 | 정상원 한웅 정용민 김건우
관　　리 | 임종열 김하은

출 판 등 록 | 2002년 2월 15일 제10-2308호
주　　소 | 경기도 고양시 덕양구 호원길 3-2
전　　화 | 02-717-5494(편집부) 02-332-7755(관리부)
팩　　스 | 02-324-9944
홈 페 이 지 | ganapub.com
이 메 일 | ganapub@naver.com

ISBN 978-89-5736-657-8 (74470)

*책값은 뒤표지에 표시되어 있습니다.
*이 책의 내용을 재사용하려면 반드시 (주)가나문화콘텐츠의 동의를 얻어야 합니다.
*잘못된 책은 구입하신 서점에서 바꾸어 드립니다.

*'가나출판사'는 (주)가나문화콘텐츠의 출판 브랜드입니다.

「이 도서의 국립중앙도서관 출판시도서목록(CIP)은 서지정보유통지원시스템 홈페이지(http://seoji.nl.go.kr)와
국가자료공동목록시스템(http://www.nl.go.kr/kolisnet)에서 이용하실 수 있습니다.(CIP제어번호: CIP2014001057)」

• 제조자명 : (주)가나문화콘텐츠
• 주소 및 전화번호 : 경기도 고양시 덕양구 호원길 3-2 / 02-717-5494
• 인쇄일 : 2020년 12월 17일
• 제조국명 : 대한민국
• 사용연령 : 4세 이상 어린이 제품

신문이 보이고 ⑧
뉴스가 들리는
재미있는
인체 이야기

글 현수랑·천명선 | 그림 이지후·윈일러스트
감수 강희철 (연세대학교 의과대학 가정의학교실 교수)

가나출판사

| 머리말 |

놀라운 인체 속으로
탐험을 떠나요!

　이 책을 펴든 순간에도 우리 몸은 바쁘게 여러 가지 일을 하고 있어요. 손가락은 얇은 종이를 섬세하게 잡아 정확하게 넘겨요. 눈의 홍채는 방 안의 밝기에 딱 알맞게 동공의 크기를 줄이거나 늘리고, 글씨가 망막에 잘 맺히도록 수정체는 그 두께를 미세하게 조절하지요. 우리 뇌는 흰 것은 종이, 검은 것은 글씨라는 것을 판단하고 글씨가 어떤 의미인지도 순식간에 알아차려요. 이뿐만이 아니에요. 폐는 계속 숨을 쉬고, 소화 기관은 바쁘게 음식물을 소화시키고, 심장은 두근두근 뛰면서 온몸에 혈액을 돌게 하고, 혈액 속 백혈구들은 우리 몸에 들어온 병원체와 싸우고 있답니다.

　수십조 개의 세포로 이루어진 우리의 몸은 세상 그 어떤 기계나 컴퓨터가 따라올 수 없을 정도로 정교하고, 우리의 상상을 뛰어넘는 엄청난 일을 하고 있어요. 우리 몸속 수십 개의 기관과 수백 개의 뼈와 근육, 다양한 조직, 수만 킬로미터의 혈관 그리고 하나의 뇌가 각각 맡은 역할을 쉼 없이 하기 때문에 우리가 살 수 있는 거예요. 각 기관

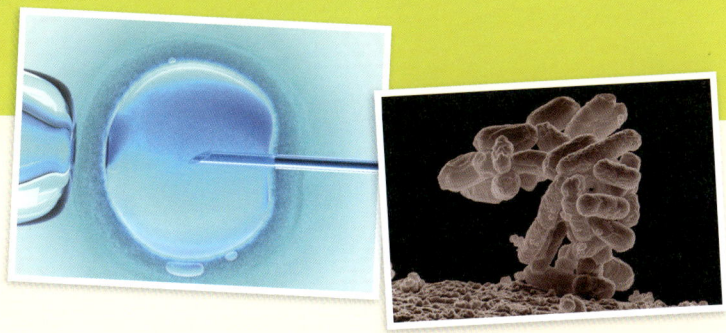

들이 하는 일은 무엇인지, 제 역할을 하기 위해서는 어떤 과정이 필요한지, 이 책을 통해 우리 몸의 구석구석을 재미있게 여행해 보기로 해요. 여러분이 몸에 대해 궁금해 하는 정보를 책 속에 알차게 담았어요. 그리고 하나의 질문을 그림과 함께 짧게 답해 지루할 틈 없이 읽을 수 있도록 했답니다.

　우리 몸은 알면 알수록 놀랍고 신비롭습니다. 지금부터 놀라운 우리 몸속으로 탐험을 떠나 볼까요? 여러분의 가이드가 되어 멋진 탐험이 될 수 있도록 쉽고 재미있게 안내할게요. 자, 그럼 출발!

여러분의 인체 탐험 가이드
현수랑

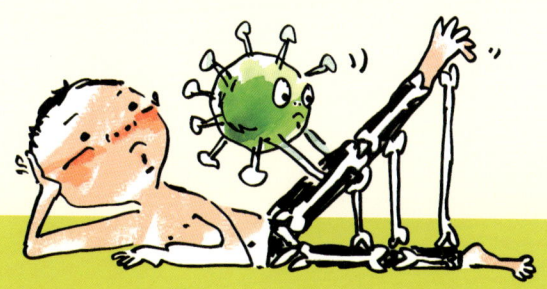

| 추천의 글 |

최첨단 과학의 집합체인 우리의 몸

과학이 발달하면서 예전에는 상상조차 할 수 없었던 일들이 눈앞에 펼쳐집니다. 자동차가 운전자 없이 스스로 움직이기도 하고, 로봇이 집안일을 돕기도 하고, 병원에서 수술을 할 때 로봇이 이용되기도 해요. 원자력 발전소에 사고가 나서 사람이 접근할 수 없을 때에는 로봇이 대신 들어가서 사고를 수습하기도 하지요. 전쟁이 났을 때 드론이라는 무인 비행체가 위험한 상황을 해결하기도 하고요.

그렇다면 이 모든 과학 발달의 가장 정점은 무엇일까요? 멀리서 찾을 필요 없이, 그것은 바로 우리의 인체입니다. 아무리 뛰어난 컴퓨터라도 인간의 복잡한 생각과 판단 능력을 따라갈 수 없고, 최신 로봇도 인간의 움직임을 그대로 재현할 수는 없으며, 최첨단 재질의 보호복도 인간의 피부처럼 뛰어난 기능을 갖고 있지는 못해요. 언뜻 과학 앞에서 인간이 나약해지는 듯 보이지만, 사실 인간의 몸이야말로 최첨단 과학의 집합체인 셈이지요. 오랜 세월 동안 수많은 과학자와 의학자들이 인체의 비밀을 과학적으로 연구하고 밝혀냈지만, 여전히 베일에 싸여 있는 부분이 없지 않아요. 그 부분

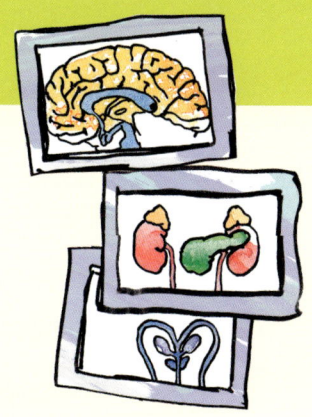

  은 우리에게 남겨진 숙제겠지요. 분명한 것은, 우리가 우리 몸에 대해 알면 알수록 자신을 더 아끼고 사랑하게 될 거라는 거예요.

  이 책은 우리 몸에 대한 유익한 정보를 쉽고 재미있게 전달해 주고 있어요. 무엇보다 세포부터 각 기관과 조직에 이르기까지 정보를 체계적으로 구성한 점이 돋보입니다. 이 책을 통해 인체라는 신비한 세계로 가는 첫걸음을 내딛는 여러분이 미래 우리나라 과학의 새로운 세상을 열 수 있기를 바라요. 우리 몸을 아는 것이 과학적인 상상력의 출발점이 될 것이라 믿으며 이 책을 추천합니다.

연세대학교 의과대학 가정의학교실 교수
강희철

| 차례 |

머리말 · 4
추천의 글 · 6

1장 놀라운 우리의 몸 · 12
우리 몸을 이루는 가장 작은 단위, 세포 · 14
유전자와 DNA · 16
우리 몸 자세히 들여다보기 · 18

2장 뼈와 근육 그리고 피부 · 20
우리 몸의 기둥, 뼈 · 22
뼈와 뼈 사이, 관절 · 24
울끈불끈, 근육과 힘줄 · 26
근육은 어떻게 움직일까요? · 28
우리 몸에서 가장 큰 기관, 피부 · 30
시시각각 변하는 피부 · 32
쑥쑥 자라는 손톱, 발톱과 털 · 34
내 몸으로 직접 실험해 보기 - 내 손톱과 발톱은 얼마나 빨리 자랄까요? · 36

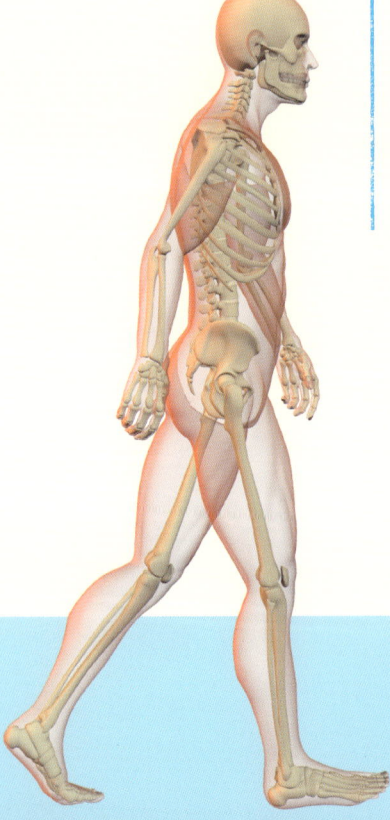

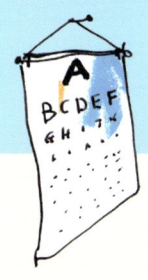

★★★ 3장 ★★★

감각 기관 · 38

어떻게 볼 수 있는 걸까요? · 40
좋은 눈, 나쁜 눈? · 42
시력을 좋게 하는 수술 · 44
색맹은 색을 못 봐요? · 46
눈병을 예방하는 방법 · 48
킁킁, 냄새는 어떻게 맡아요? · 50
콧물이 주룩주룩 · 52
눈물이 나면 콧물도 나오는 이유 · 54
드르렁드르렁, 왜 코를 골까요? · 56
귓속 달팽이로 듣는다고요? · 58
귀로 중심을 잡는다고요? · 60
귀에 벌레가 들어가면 어떻게 해요? · 62
비행기를 타면 귀가 먹먹해지는 이유 · 64
혀는 몇 가지 맛을 구분할까요? · 66
냄새로도 눈으로도 맛을 느낀다고요? · 68
피부도 감각 기관이라고요? · 70

내 몸으로 직접 실험해 보기- 맹점 실험 · 착시 실험 · 72

★★★ 4장 ★★★

신경계 · 74

우리 몸의 우두머리, 뇌 · 76
시속 430km, 놀라운 뉴런 · 78
뇌사와 식물인간은 다른가요? · 80
치매는 왜 걸려요? · 82

내 몸으로 직접 실험해 보기- 속는 뇌, 속이는 뇌 · 84

5장

호흡과 순환 그리고 면역 · 86

후하후하, 숨은 어떻게 쉬어요? · 88
하품과 딸꾹질은 왜 나올까요? · 90
기침과 재채기는 어떻게 달라요? · 92
목소리는 어디서 나와요? · 94
두근두근 심장이 하는 일 · 96
온몸의 혈관이 지구 세 바퀴! · 98
빨간 핏속엔 뭐가 들어 있어요? · 100
혈액형에 대한 진실 혹은 거짓 · 102
고혈압과 저혈압 · 104
백혈구와 항체의 전투 · 106

내 몸으로 직접 실험해 보기 - 나의 폐활량은 얼마나 될까요? · 108

6장

소화와 배설 · 110

음식물의 여행 · 112
입에서, 위에서, 장에서 · 114
왜 음식을 먹어야 해요? · 116
왜 토를 해요? · 118
장 안에 미생물이 가득가득 · 120
맹장염은 맹장의 염증이 아니라고요? · 122
500가지가 넘는 일을 하는 간 · 124
몸속을 들여다보는 내시경 · 126
기생충에 감염되면 어떻게 해요? · 128
피를 깨끗하게 하는 콩팥 · 130
잘 싸는 것이 중요해요! · 132

내 몸으로 직접 실험해 보기 - 빨간약으로 아밀레이스 실험하기 · 134

7장 호르몬과 유전 · 136

호르몬이 뭐예요? · 138
키는 몇 살까지 자라요? · 140
아이에서 어른으로, 사춘기 · 142
여자는 왜 월경을 해요? · 144
남자는 왜 포경 수술을 해요? · 146
나도 엄마 배 속에 있었어요! · 148
우리는 왜 부모님을 닮았을까요? · 150
똑같은 쌍둥이, 서로 다른 쌍둥이 · 152

내 몸으로 직접 실험해 보기 - 나는 누구를 닮았을까요? · 154

8장 튼튼한 몸, 건강한 생활 · 156

몸이 고장 났어요! · 158
잠이 부족하면 어떻게 돼요? · 160
운동을 해야 하는 이유 · 162
나는 비만일까요? · 164
컴퓨터와 휴대전화, 왜 해로워요? · 166
백해무익한 담배와 위험한 술 · 168

내 몸으로 직접 실험해 보기 - 무모한 도전! 몸으로 이런 실험을? · 170

사진 출처 · 172
찾아보기 · 173

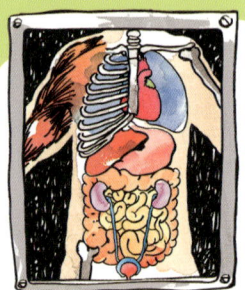

1장

놀라운 우리의 몸

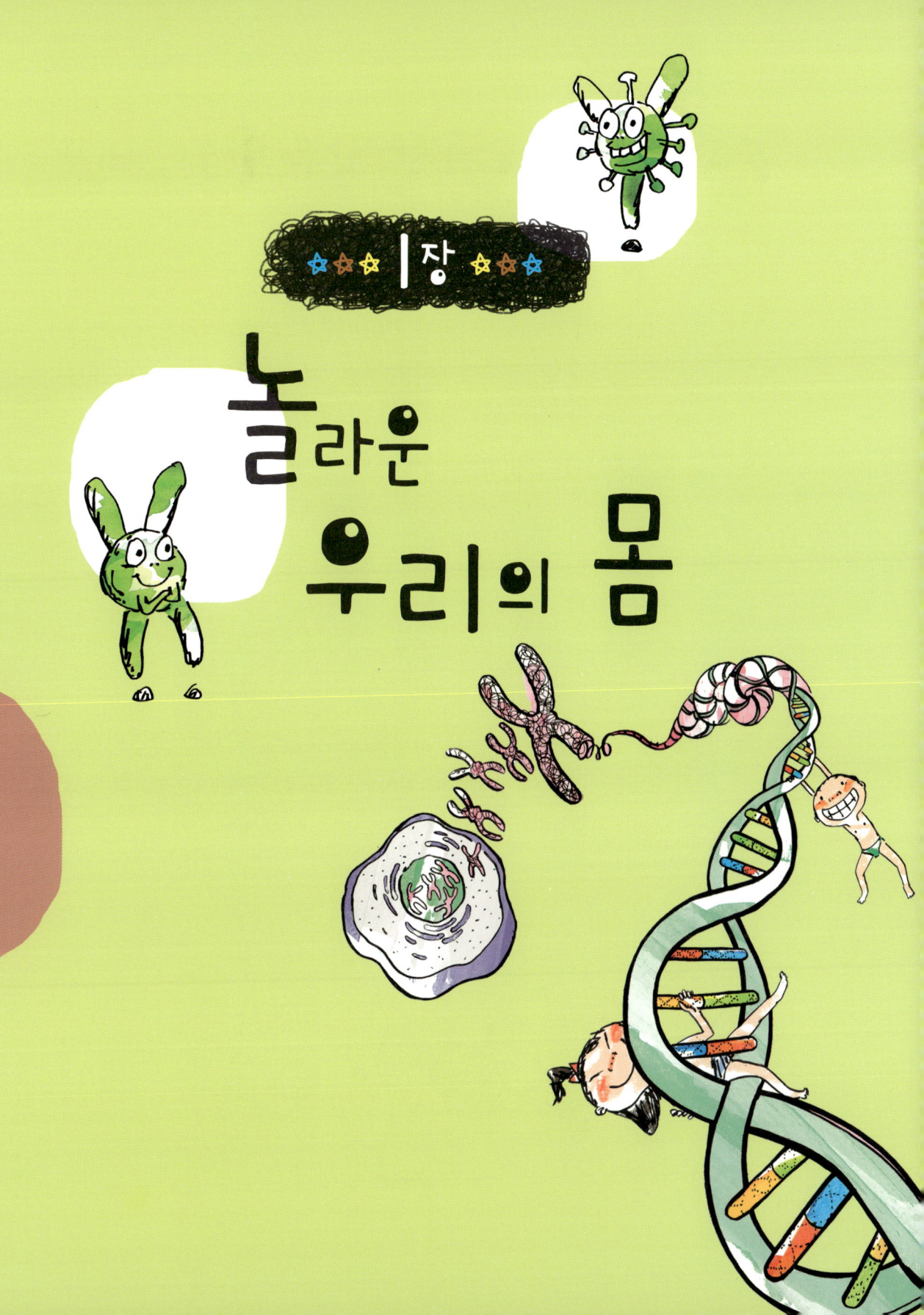

 우리 몸을 이루는 가장 작은 단위, 세포

수십조 개의 세포가 모여 우리 몸을 이루고 있어요. 하지만 세포 하나하나는 너무나 작아 맨눈으로는 볼 수 없지요. 우리 몸에는 근세포, 신경세포, 지방세포, 피부세포, 혈구 등 200가지가 넘는 세포가 있답니다.

세포들이 하는 가장 기본적인 일은 단백질을 만드는 것이에요. 세포가 만든 단백질은 우리 몸에서 일어나는 여러 가지 일에 사용되거나 새로운 세포를 만드는 데 사용돼요. 세포도 수명이 있어서 일정한 시간이 지나면 죽고, 새로운 세포가 생겨나지요.

세포들은 종류에 따라 모양은 매우 다양하지만 비슷한 구조를 가지고 있어요. 우선 세포는 세포막이라는 얇은 막으로 싸여 있지요. 그 안에는 세포에서 일어나는 모든 일을 조절하는 핵과 다양한 기능을 하는 기관들이 세포질이라는 액체 속에 떠 있어요. 세포의 구조를 오른쪽 그림에서 자세하게 살펴보아요.

플러스 인체 상식
어른의 몸에는 평균 50조~100조 개의 세포가 있어요.

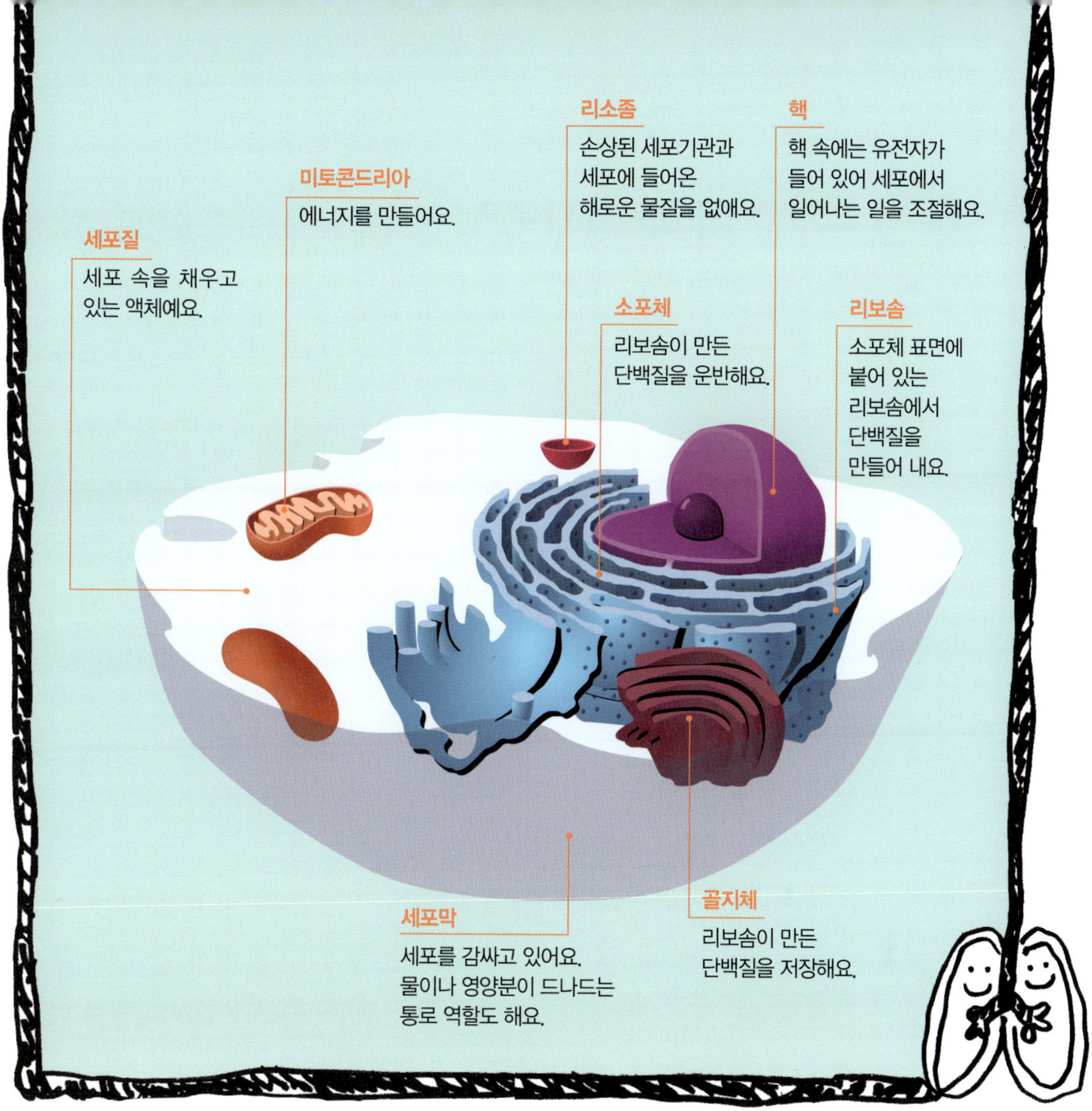

리소좀
손상된 세포기관과 세포에 들어온 해로운 물질을 없애요.

핵
핵 속에는 유전자가 들어 있어 세포에서 일어나는 일을 조절해요.

미토콘드리아
에너지를 만들어요.

세포질
세포 속을 채우고 있는 액체예요.

소포체
리보솜이 만든 단백질을 운반해요.

리보솜
소포체 표면에 붙어 있는 리보솜에서 단백질을 만들어 내요.

세포막
세포를 감싸고 있어요. 물이나 영양분이 드나드는 통로 역할도 해요.

골지체
리보솜이 만든 단백질을 저장해요.

호야

보아

작은 세포 하나가 이렇게 복잡하게 생겼다니!

 유전자와 DNA

세포가 어떻게 일을 하느냐에 따라서 우리가 어떻게 자라고 어떤 모습을 갖게 될지 결정돼요. 그런데 세포들은 모두 유전자의 명령에 따라 일을 하고 있답니다. 유전자는 우리 몸을 어떻게 만들지, 또 우리 몸에 필요한 물질을 얼마나 어떻게 만들지 세포에게 명령을 내려요. 결국 유전자가 우리를 우리답게 만드는 거라고 할 수 있지요. 사람뿐만 아니라 지구상의 모든 생물은 유전자를 가지고 있고, 유전자의 명령에 따라 다양한 생김새를 하고 있어요.

유전자는 DNA로 구성됩니다. DNA는 '디옥시리보핵산'을 줄인 말이에요. DNA는 사다리가 꼬인 이중나선 모양을 하고 있는데, 사다리의 계단에 해당하는 부분이 염기라는 네 가지 화학 물질로 이루어져 있어요. 염기는 세포가 단백질을 만들 수 있게 하는 명령어랍니다. 염기의 배열에 따라 세포는 단백질을 만들고 우리 몸을 조절하지요. 사람의 세포에는 23쌍(46개)의 DNA 가닥이 있는데, 이런 DNA 가닥을 '염색체'라고 불러요.

그렇다면 유전자는 어디에서 왔을까요? 바로 엄마와 아빠의 유전자를 반씩 물려받은 거예요. 그래서 우리는 엄마와 아빠를 닮았답니다.

 인간이 가지고 있는 모든 유전 정보인 '인간 게놈'에는 약 3만 개의 유전자가 들어 있어요.

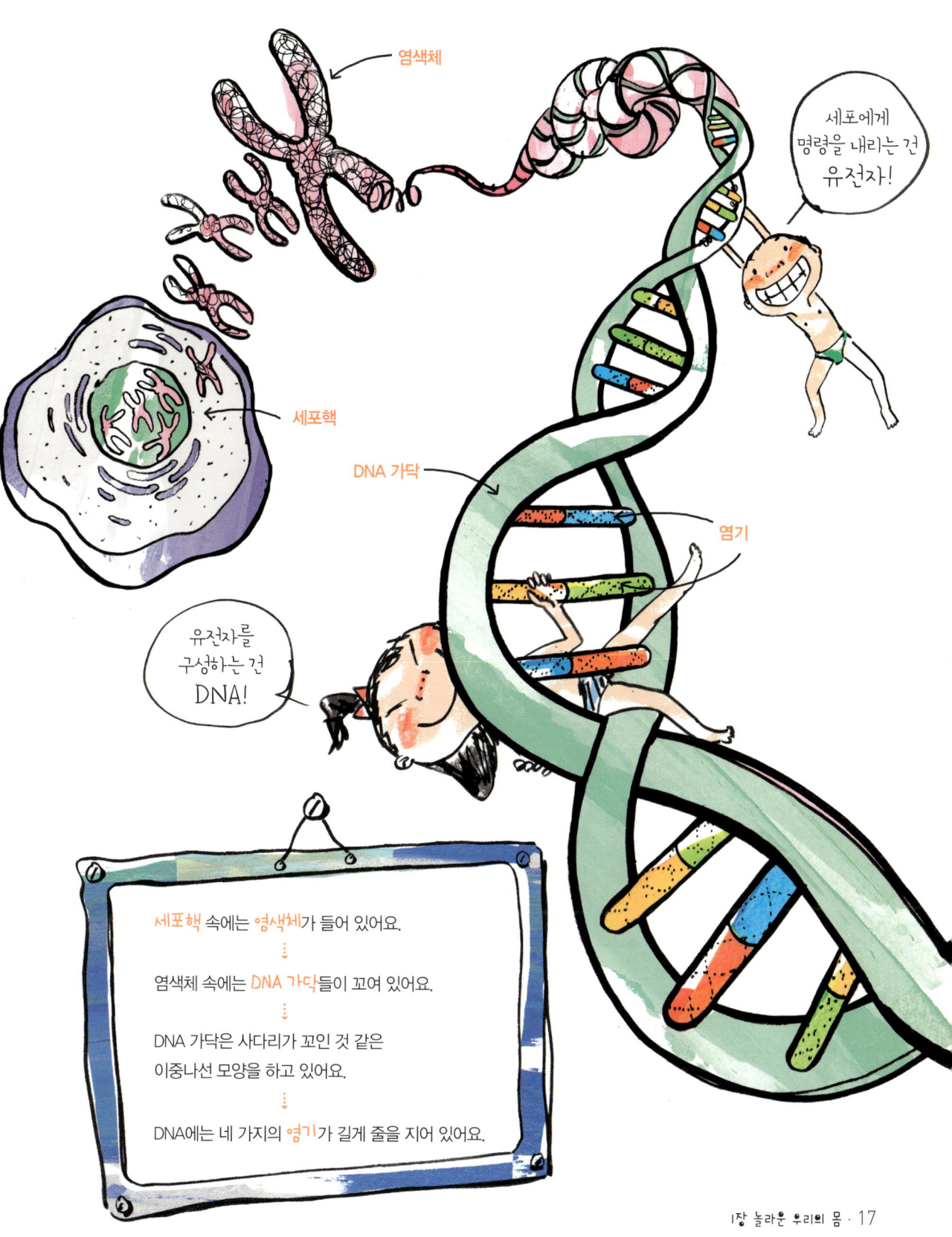

 우리 몸 자세히 들여다보기

우리 몸은 세상의 어떤 기계보다 훨씬 정교하고 복잡하게 움직이는 장치일 거예요. 수십 개의 기관과 수백 개의 뼈와 근육, 다양한 조직, 수만 킬로미터의 혈관 그리고 하나의 뇌로 이루어져 있답니다. 각 기관들끼리는 물론 세포들끼리도 다양한 신호와 물질을 주고받으며 한시도 쉬지 않고 일을 하고 있지요. 우리 몸속에 어떤 기관들이 어떻게 자리 잡고 있는지 그림으로 살펴보아요.

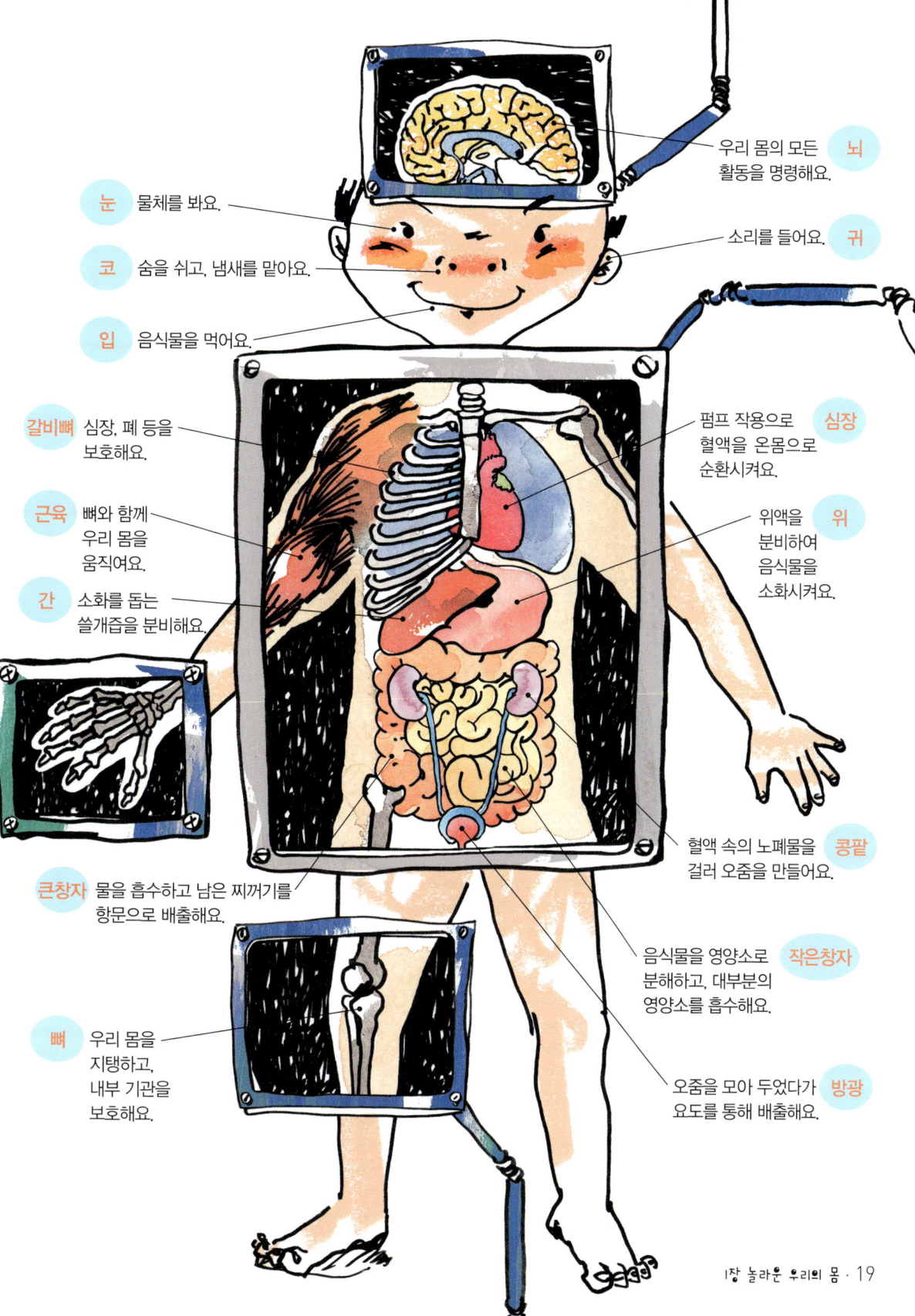

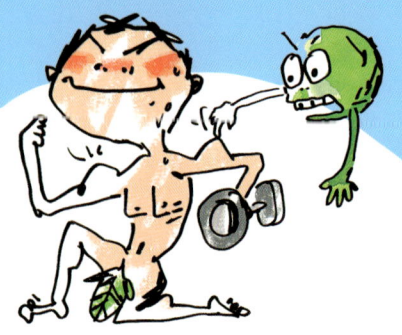

2장

뼈와 근육 그리고 피부

우리 몸의 기둥, 뼈

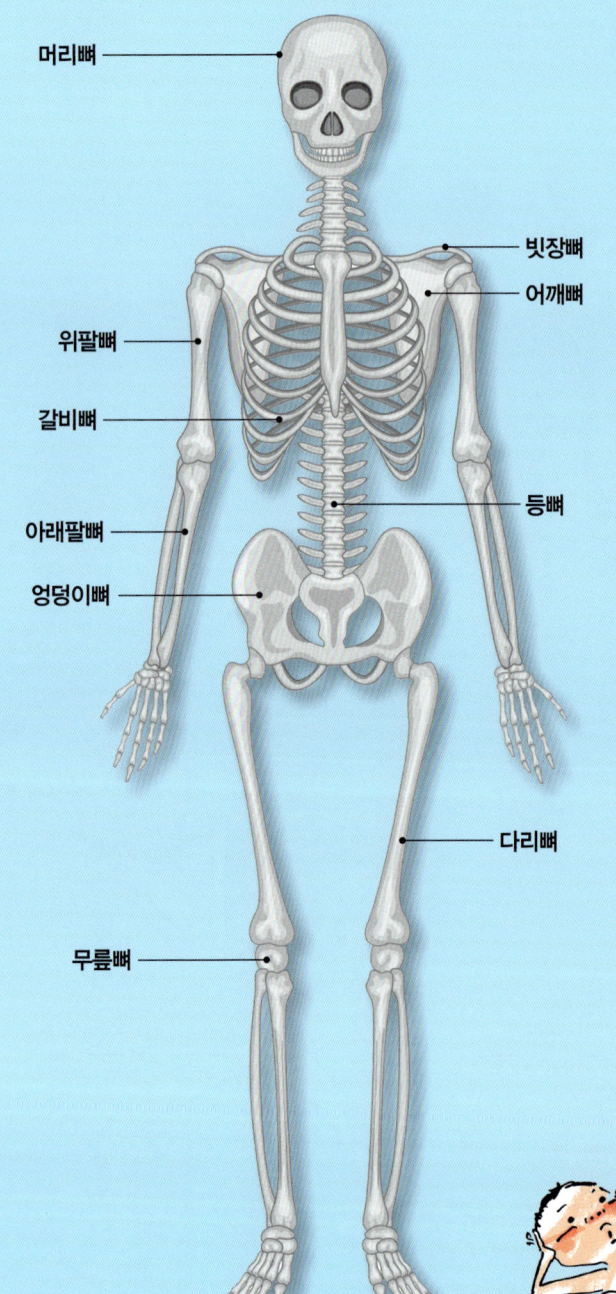

- 머리뼈
- 빗장뼈
- 어깨뼈
- 위팔뼈
- 갈비뼈
- 등뼈
- 아래팔뼈
- 엉덩이뼈
- 다리뼈
- 무릎뼈

우리 몸에 뼈가 없다면 어떨지 상상해 보세요. 만약 뼈가 없다면 우리 몸은 제대로 서 있거나 움직일 수 없는 것은 물론, 헐렁한 고무주머니 같은 우스꽝스러운 모습일 거예요. 뼈는 우리 몸을 지탱해 주는 기둥과 같답니다. 또한 뼈는 뇌와 허파, 심장 같은 내부 장기를 보호해 주지요.

몸을 지탱하고 보호하는 뼈는 칼슘 같은 단단한 무기질로 되어 있어요. 하지만 뼈를 그저 단단한 막대기로 생각한다면 큰 착각이에요. 뼈에도 피부처럼 혈관과 신경이 있고, 새로운 뼈를 만드는

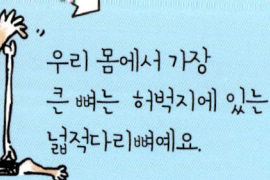

플러스 인체 상식
우리 몸에서 가장 큰 뼈는 허벅지에 있는 넓적다리뼈예요.

뼈세포가 활발하게 일을 하고 있거든요. 그래서 뼈가 부러지면 피가 많이 나고 아픔도 느껴요. 상처 난 피부가 시간이 지나면 자연히 아물듯, 뼈가 부러지면 뼈세포가 부러진 부분을 다시 붙게 한답니다. 큰 뼈의 가운데 부분에는 골수라는 부드러운 물질이 꽉 차 있는데, 골수는 피를 만드는 중요한 역할도 해요.

어른의 몸에는 206개의 뼈가 있어요. 갓난아기 때는 뼈가 270개나 되는데, 자라면서 많은 뼈가 서로 합쳐진답니다.

X선을 발견한 뢴트겐

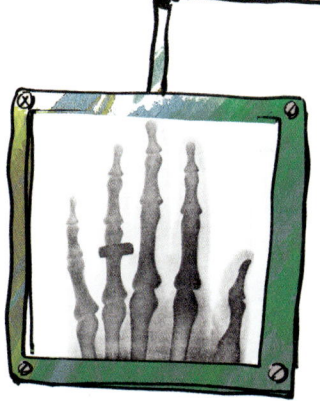

뢴트겐이 X선으로 촬영한 반지를 낀 아내의 손가락뼈

뉴스속용어알기

뼈를 보는 광선 'X선'

뼈가 부러지면 우리는 X선(엑스레이) 촬영을 해요. X선은 어떻게 몸 안의 뼈를 볼 수 있게 해 주는 걸까요? X선은 1895년 독일의 물리학자 뢴트겐이 발견한 광선이에요. 이 광선은 신기하게도 피부는 뚫고 지나갈 수 있는데, 사람의 뼈에서는 반사됐어요. 뢴트겐은 이 원리를 이용해 우리 몸속의 뼈를 사진으로 찍었지요. 뢴트겐은 X선을 발견한 공로로 제1회 노벨 물리학상을 받았답니다.

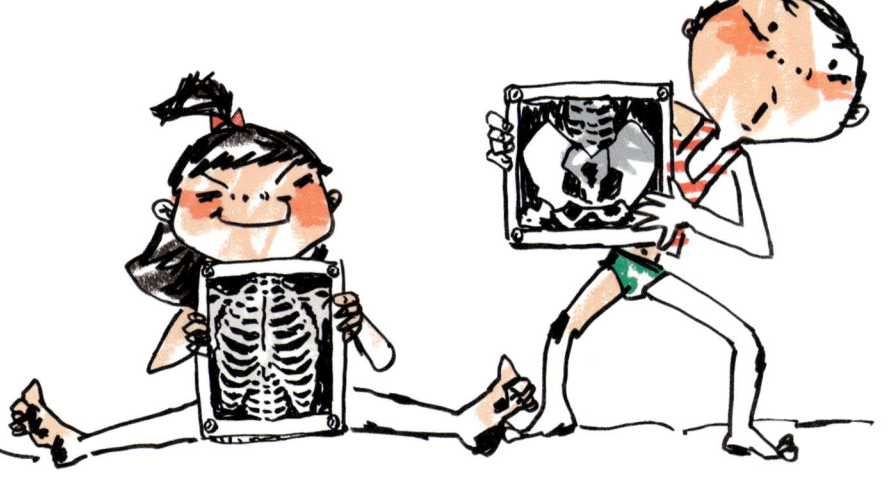

뼈와 뼈 사이, 관절

뼈와 뼈가 만나는 곳에는 관절이 있어요. 손가락과 무릎을 구부리거나 팔을 빙빙 돌릴 수 있는 건 모두 관절 덕분이지요.

뼈들이 부드럽게 움직일 수 있도록 뼈와 뼈가 만나는 부분은 살짝 떨어져 있고, 이 공간에는 미끈미끈한 활액이 차 있어요. 그리고 뼈의 끝부분에는 말랑말랑한 연골이 있어 관절이 움직일 때의 충격을 덜어 줘요. 또한 인대는 관절에서 만난 뼈와 뼈가 떨어지지 않도록 꽉 잡아 주지요.

자, 무릎을 펴고 선 채로 허리를 구부려 손으로 발가락을 잡을 수 있나요? 관절을 움직일 수 있는 능력은 사람마다 다른데, 관절이 많이 구부러질수록 유연하다고 말해요. 유연한 사람들은 인대가 잘 늘어나서 관절을 부드럽게 움직일 수 있지요. 관절이 잘 움직이지 않는 뻣뻣한 사람들도 요가처럼 인대를 늘이는 운동을 하면 유연성을 기를 수 있답니다.

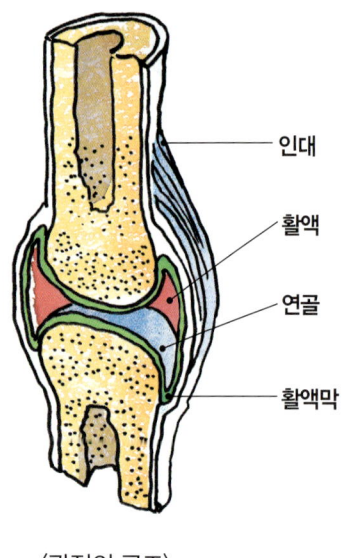

〈관절의 구조〉

관절에는 여러 종류가 있어요. 손가락과 팔꿈치와 무릎에는 문의 경첩처럼 한 방향으로 구부러지는 '경첩 관절'이 있어요. 또 어깨와 골반에는 공 모양의 '절구공이 관절'이 있어서 팔과 다리를 빙빙 돌릴 수 있어요. 이외에도 다양한 기능과 모양의 관절들이 있답니다. 관절의 구조와 종류를 그림을 통해 살펴보아요.

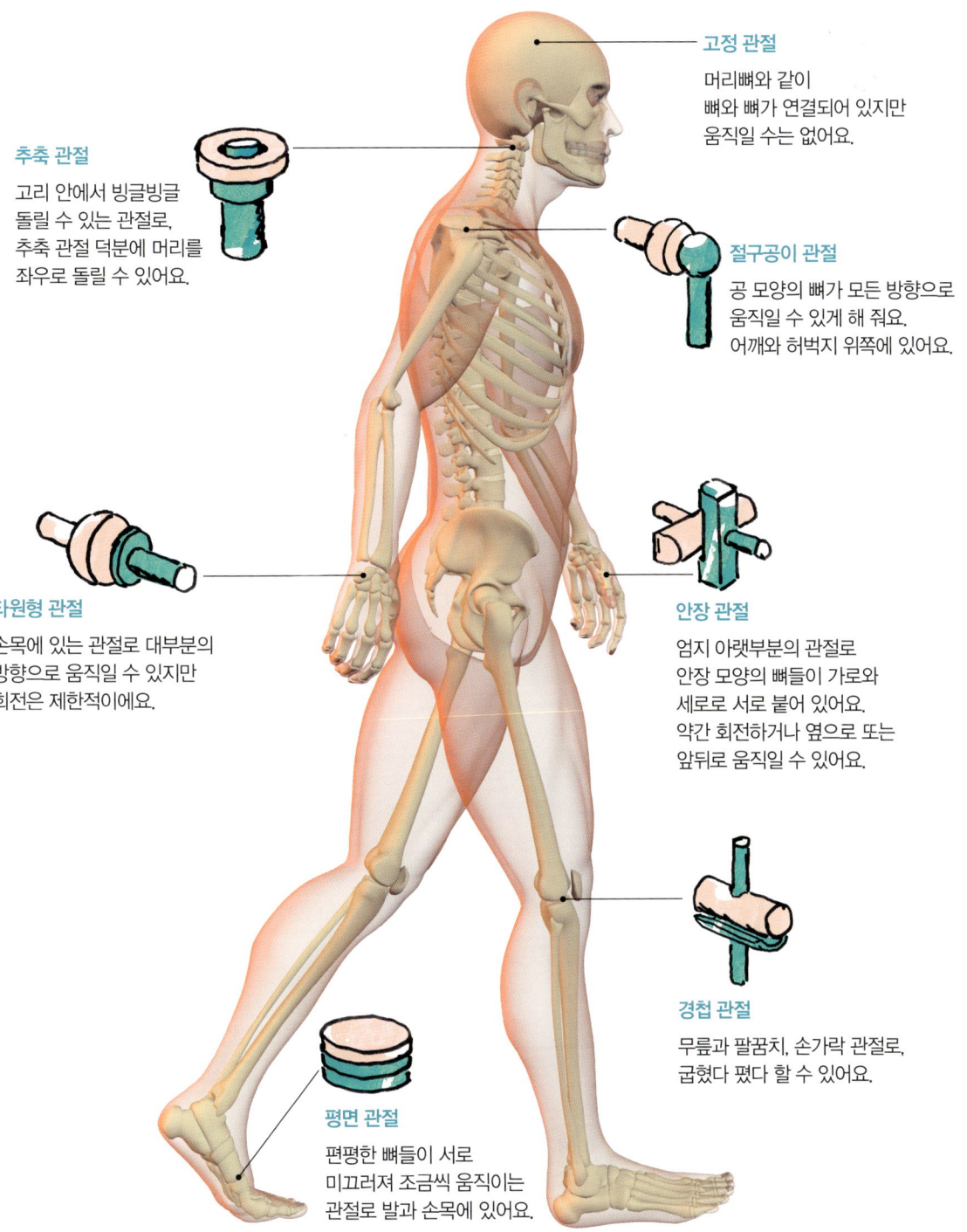

울끈불끈, 근육과 힘줄

뼈와 관절은 우리 몸을 움직일 수 있게 해 주지만, 스스로 움직일 수는 없어요. 뼈와 관절을 움직일 수 있게 하는 것은 근육과 힘줄이랍니다. 근육은 뼈에 붙어 있는데, 정확하게는 근육 끝부분의 질긴 끈처럼 생긴 힘줄이 뼈와 붙어 있어요. 근육이 수축하면 힘줄이 뼈를 잡아당겨 관절을 구부러지게 하지요.

우리가 움직일 때 쓰는 근육은 대부분 뼈에 붙어 있기 때문에 '골격근'이라고 불러요. 골격근은 모두 600개가 넘고, 우리 몸무게의 절반 정도를 골격근이 차지하고 있어요.

골격근은 대부분 둘이 힘을 합쳐 일해요. 예를 들면 팔을 구부리는 근육과 팔을 펴는 근육이 함께 일을 하지요. 팔을 구부릴 때는 팔 안쪽의 이두박근이 수축하면서 팔의 뼈를 위로 끌어당겨 구부러지게 해요. 반대로 팔을 펼 때는 팔 바깥쪽의 삼두박근이 수축하면서 팔의 뼈를 당겨 펴지게 한답니다.

우리 몸에 있는 근육 가운데 가장 힘이 센 근육은 무엇일까요? 그건 바로 턱의 '교근'이에요. 교근은 작은 근육이지만 교근이 수축하며 턱이 맞물리는 압력은 90kg의 물체가 누르는 것과 같답니다.

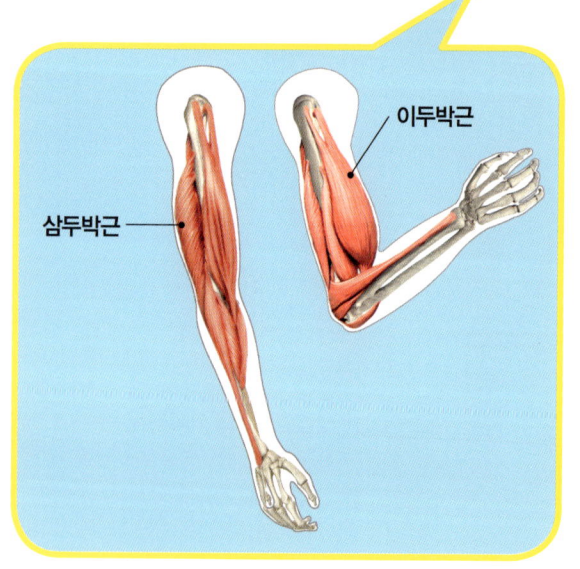

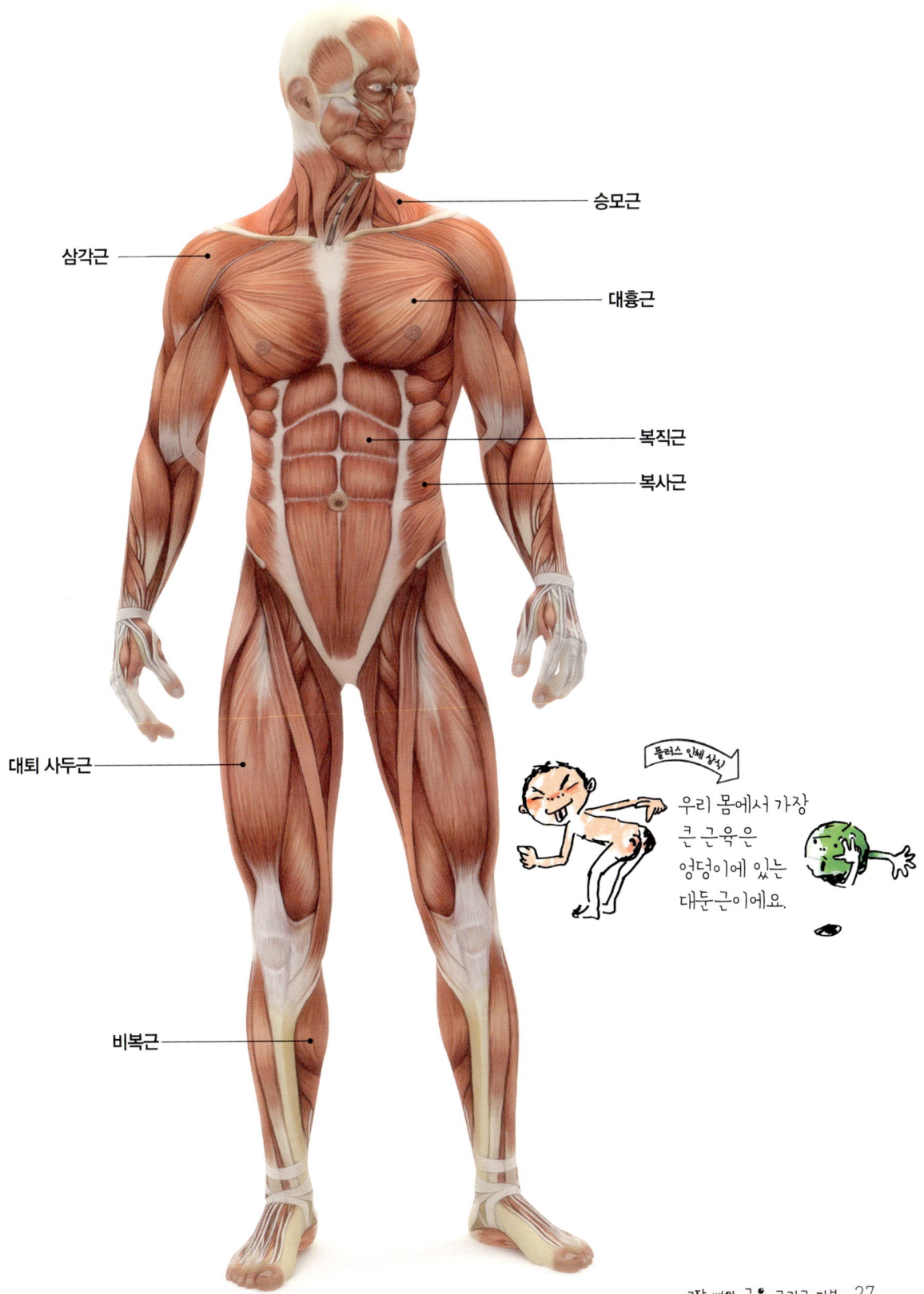

우리 몸에서 가장 큰 근육은 엉덩이에 있는 대둔근이에요.

근육은 어떻게 움직일까요?

우리가 몸을 움직이려고 할 때 가장 먼저 일어나는 일은 뇌가 근육에 명령을 내리는 일이에요. 뇌가 내린 명령은 신경을 따라 이동한 뒤 근육으로 전달되지요. 명령을 전달받은 근육은 수축이나 이완을 하면서 몸을 움직이게 됩니다.

우리 몸의 근육은 가느다란 실처럼 생긴 근세포로 이루어져 있는데, 수많은 근세포가 수축하면 근육도 수축하게 돼요. 근세포는 액틴과 미오신이라는 두 종류의 근원섬유를 가지고 있어요. 액틴과 미오신이 서로를 끌어당기면 근세포가 수축하게 되는 거지요.

그런데 우리의 의지와 상관없이 계속 움직이는 근육이 있어요. 심장이 쉼 없이 뛰는 일이나 소화 기관이 움직이는 일 등이 바로 그렇지요. 이런 일을 하는 근육을 '불수의근'이라고 불러요. 물론 불수의근의 움직임도 뇌가 명령을 내려 일어나는 운동이에요. 하지만 우리는 뇌를 사용한다는 것을 의식할 수 없지요.

평소에는 의지와 상관없이 스스로 움직이다가 때로는 우리가 직접 조절할 수 있는 움직임도 있어요. 바로 숨쉬기와 눈 깜빡이기랍니다.

플러스 인체 상식

운동을 하면 우리 몸의 근육량을 늘릴 수 있어요.

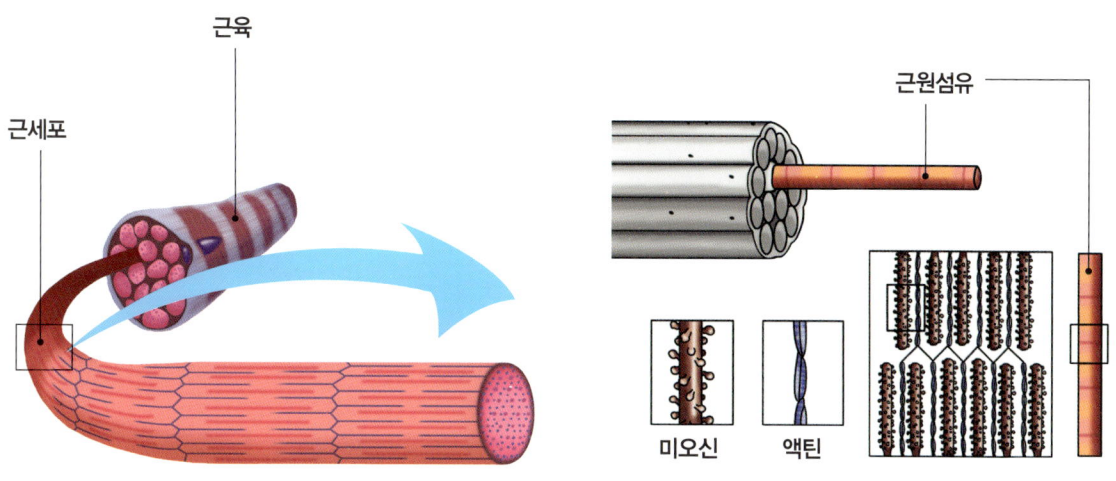

궁금해요 우리 몸

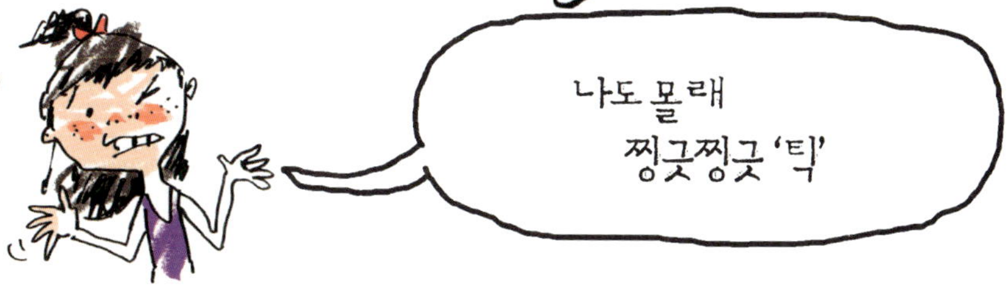

나도 몰래 찡긋찡긋 '틱'

틱은 특별한 이유 없이 자신도 모르는 사이에 얼굴, 목, 어깨, 몸통 등 몸의 일부분을 빠르게 반복해서 움직이거나 이상한 소리를 내는 증상을 말해요. 자신도 모르게 눈을 깜빡거리거나 얼굴을 찡그리거나 머리를 흔드는 증상부터 갑자기 욕을 하거나 다른 사람의 말을 따라하는 등 증상이 매우 다양하지요. 틱은 7~11세에 가장 많이 나타나는데, 우리나라 어린이의 10~20%가 틱 증상을 가지고 있다고 해요. 일시적인 틱은 시간이 지나면 저절로 사라지지만, 증상이 계속된다면 치료를 받아야 한답니다.

# 우리 몸에서 가장 큰 기관, 피부

우리 몸을 덮고 있는 피부는 뇌나 심장처럼 하나의 기관이에요. 우리 몸에서 가장 큰 기관이 피부지요. 어른의 피부를 펼치면 넓이가 1.8㎡나 돼요. 무게는 몸무게의 약 10%를 차지한답니다. 피부는 우리 몸을 보호하고, 자극을 느끼고, 체온을 유지하는 중요한 일을 해요.

피부는 표피와 진피, 두 층으로 이루어져 있어요. 표피는 우리 몸의 표면을 말해요. 진피는 표피 아래의 두꺼운 층으로 혈관이나 모낭, 땀샘이 있지요. 피부에는 촉각을 느끼는 신경말단들이 가득한데, 피부에 닿는 것이 차가운지 따뜻한지, 부드러운지 단단한지 등을 느낄 수 있답니다.

손의 피부에는 독특한 선들이 있어요. 바로 지문이지요. 지문은 촉각을 더 잘 느끼고 물건을 잘 잡을 수 있게 도와줘요. 일란성 쌍둥이도 지문은 서로 다르기 때문에 사람을 구별하는 데 지문을 이용하기도 한답니다.

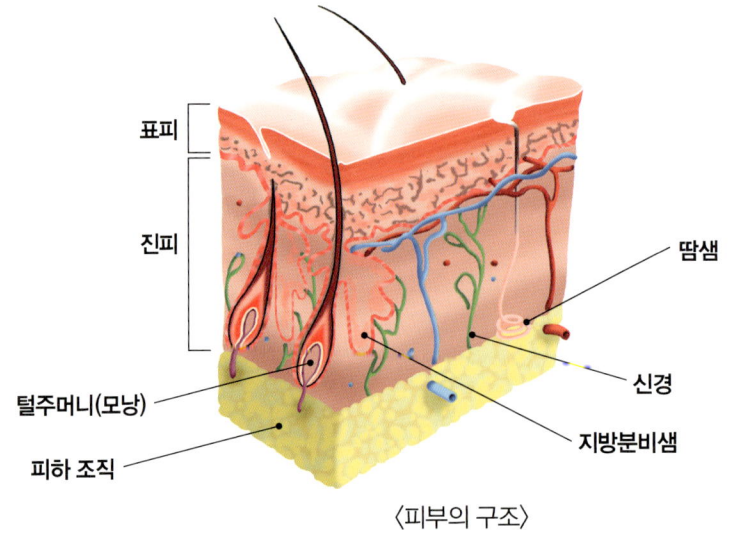

〈피부의 구조〉

피부의 가장 바깥에는 '각질층'이라는 딱딱한 층이 있어요. 죽은 세포들이 피부를 싸고 있는 층으로, 피부에 적당한 수분을 유지해 주고 병균이 침입하지 못하게 막아 주지요. 목욕을 하면 각질층이 물을 흡수해서 피부에서 떨어지기 쉬운 상태가 되는데, 이때 피부를 문지르면 각질층이 까만 때가 되어 떨어져 나가요. 각질층을 적당히 없애는 것은 좋지만, 때를 너무 세게 밀면 각질층 아래의 표피가 다칠 수 있어요. 또 각질층을 너무 많이 없애면 피부의 보호막이 없어지는 셈이므로 피부 건강에 좋지 않답니다.

시시각각 변하는 피부

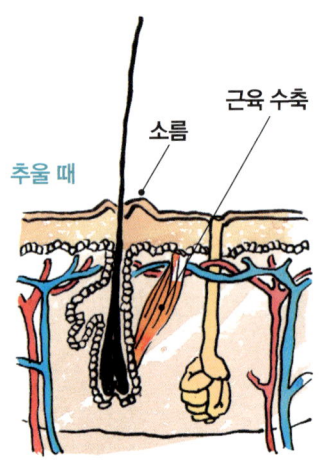

추울 때

소름
근육 수축

털과 연결되어 있는 근육이 수축하면서 털이 서고 소름이 돋아요. 피부 아래의 혈관이 좁아지면서 흐르는 피의 양이 적어져요.

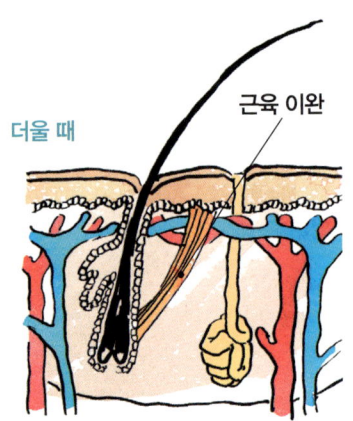

더울 때

근육 이완

털과 연결되어 있는 근육이 늘어나면서 털이 옆으로 누워요. 땀샘에서는 땀이 나오고 피부 아래의 혈관이 넓어지면서 더 많은 피가 흘러요.

살을 에는 찬바람이 불고, 따가운 햇볕이 내리쬐고, 상처가 나고……. 우리의 몸은 이런저런 자극에 노출되어 있어요. 따라서 외부의 자극으로부터 우리 몸을 지키기 위해 피부는 계속 변하고 있지요.

우리 몸은 36.5℃ 정도의 체온을 유지해야 하는데, 날씨는 춥기도 하고 덥기도 하지요. 하지만 외부 온도에 따라 피부가 변하는 덕분에 우리 몸은 체온을 유지할 수 있어요.

그렇다면 피부는 어떻게 체온을 유지할까요? 추울 때는 피부에 소름이 돋아요. 소름이 돋으면 온몸에 퍼져 있는 털이 곤두서면서 피부 가까이의 따뜻한 공기를 붙잡아 체온을 유지하지요. 더울 때는 피부에서 땀이 나와요. 땀샘에서 나온 땀이 수증기로 변해 날아가면서 에너지를 빼앗기 때문에 몸이 식게 된답니다.

피부는 영양분을 만들기도 해요. 햇빛을 이용해 비타민 D를 만드는데, 비타민 D는 뼈를 튼튼하게 하는 중요한 영양소지요. 하지만 햇빛이 너무 강하면 피부는 화상을 입게 돼요. 그래서 피부는 '멜라닌'이라는 검은색 물질을 만들어 햇빛으로부터 피부를 보호한답니다.

피부는 베이거나 긁히는 상처를 입기도 해요. 상처가 난 피부에는 핏속의 혈구들이 단단하게 엉겨 딱지를 만들지요. 딱지는 상처를 덮어 병원균이 침입하지 못하도록 막아요. 그러면 딱지 아래에서 피부세포들이 자라면서 스스로 치료가 되지요.

피부는 매일 새로워지고 있어요. 매일 약 4,000만 개의 피부세포가 떨어져 나가고 새 피부세포가 자라나고 있답니다.

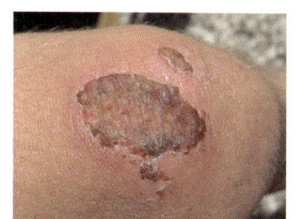

상처에 생긴 딱지

플러스 인체 상식
몸에는 약 300만 개의 땀구멍이 있으며 매일 0.5L가 넘는 땀을 흘려요.

뉴스 속 용어 알기

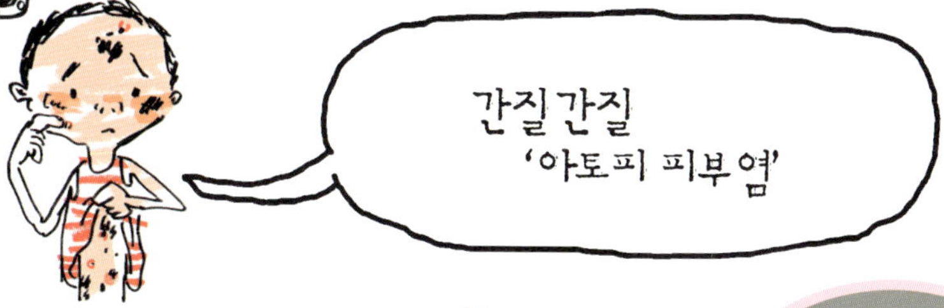

간질간질 '아토피 피부염'

아토피 피부염은 아기나 어린이 때 시작되어 없어지지 않거나 자주 생기는 염증성 피부질환을 말해요. 아토피 피부염에 걸리면 피부가 건조해지면서 몹시 가렵고 물집이 생기거나 피부가 두꺼워지지요. 인구의 약 20%가 아토피 피부염을 앓고 있는데, 아토피 피부염이 생기는 원인은 아직 확실하게 알려져 있지 않아요. 아토피 피부염을 치료하기 위해서는 건조한 피부를 촉촉하게 하고, 병원에서 처방받은 적절한 약을 사용해야 해요. 또 증상을 악화시키거나 유발하는 알레르기 물질과 스트레스를 피해야 한답니다.

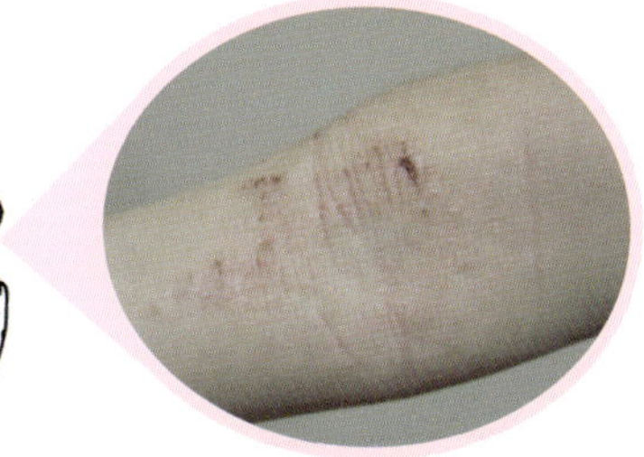

아토피 피부염의 증상

쑥쑥 자라는 손톱, 발톱과 털

우리가 느끼지 못하는 사이에 쑥쑥 자라는 손톱, 발톱과 털은 '케라틴'이라는 단백질로 이루어져 있어요. 손톱, 발톱과 털에는 신경이 없어서 감각을 느끼지 못하기 때문에 자라면 쉽게 자를 수 있지요.

손톱과 발톱은 귀찮게 왜 자꾸 길어지는 걸까요? 손톱과 발톱은 사용하면 닳아 없어지기 때문에 계속해서 자라나는 거예요. 손톱과 발톱 아랫부분을 보면 피부에 덮인 부분이 있어요. 여기에서 케라틴이 만들어지면 손톱이나 발톱이 밖으로 밀려나오면서 자라게 되지요. 그래서 1~2주일에 한 번은 손톱과 발톱을 잘라 줘야 해요.

손톱과 발톱은 알고 보면 아주 쓸모 있는 도구랍니다. 손톱이 없다면 가려운 곳을 시원하게 긁거나 바닥에 떨어진 동전 같은 납작한 물건을 줍기 힘들 거예요. 또한 손톱과 발톱은 손가락 끝과 발가락 끝을 보호해 줘요.

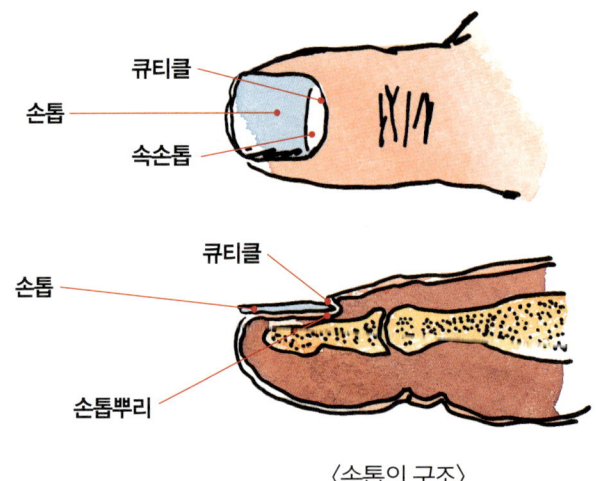

〈손톱의 구조〉

곱슬머리를 곧게 펼 수 있나요?

곱슬머리가 되는 건 유전적인 요인 때문이에요. 엄마나 아빠에게 받은 유전자에 곱슬머리 유전자가 들어 있기 때문이지요. 머리카락을 이루는 단백질은 화학 원소인 황(S)을 다리 삼아 서로 연결되어 있는데, 파마약이 황 결합을 끊을 수 있어요. 황 결합이 끊어진 상태에서 머리카락을 편 후 다시 결합을 이으면 머리카락이 곧게 펴진답니다. 하지만 이것은 일시적인 현상이고, 새로 나는 머리카락은 원래처럼 곱슬거리지요. 마찬가지로 곧은 머리카락을 구불거리게 만드는 파마도 일시적이랍니다.

사람의 몸에는 약 500만 개의 털이 있어요. 입술과 손바닥, 발바닥 같은 몇몇 부분을 제외하고 온몸에 털이 나 있지요. 매일 수백 개의 털이 빠지고 다시 자란답니다. 우리 몸에서 가장 긴 털은 머리카락이에요. 모낭에서 케라틴이 만들어지면 머리카락이 위로 점점 밀려나면서 자라는 거랍니다.

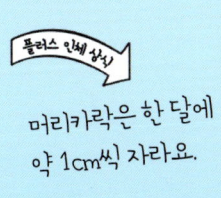

플러스 인체 상식
머리카락은 한 달에 약 1cm씩 자라요.

내 소중한 케라틴들아, 돌아와~

내 손톱과 발톱은 얼마나 빨리 자랄까요?

손톱은 매일매일 조금씩 자라고 있어요. 그렇다면 손톱은 얼마나 빨리 자랄까요? 손톱과 발톱이 자라는 속도는 어떻게 다를까요? 또 사람마다 손톱과 발톱이 자라는 속도가 다를까요? 직접 실험해 봐요.

〈준비물〉 매니큐어, 자

① 손가락을 하나 정해서 손톱에 매니큐어를 발라요. 손톱 전체에 발라도 되고 케라틴이 만들어지는 아랫부분에만 발라도 돼요.

② 발톱에도 매니큐어를 발라요.

③ 일주일 후에 손톱 아랫부분의 피부와 매니큐어를 칠한 부분 사이의 거리를 재어 봅니다. 발톱도 재어 보세요.

④ 부모님의 손톱도 같은 방법으로 매니큐어를 칠해 손톱이 얼마나 자랐는지 측정하고, 나와 비교해 보세요.

☆ 결과

	내 손톱	부모님 손톱	내 발톱	부모님 발톱
현재				
일주일 후				

☆ 생각해 보기

실험 결과 손톱과 발톱이 자라는 속도는 어떠했나요? 속도가 같거나 다르다면 그 이유는 무엇인지 생각해 보세요.

내 손톱, 발톱과 부모님의 손톱, 발톱이 자라는 속도는 어떠한가요? 속도가 같거나 다르다면 그 이유는 무엇일까요?

☆ 손톱과 발톱 이야기

손톱과 발톱은 개인에 따라 정도의 차이는 있지만 매일 약 0.1mm 정도씩 자란다고 해요. 대부분 발톱보다는 손톱이 더 잘 자라고, 부모님보다 여러분의 손톱이 더 빨리 자랐을 거예요. 우리가 잘 사용하지 않는 발톱보다는 자주 사용하는 손톱이 더 빨리 자라지요. 또 보통 30세 이후에는 손톱이 자라는 속도가 느려지기 때문에 부모님의 손톱이 여러분보다 더디게 자란 거랍니다.

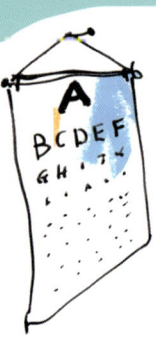

3장

감각 기관

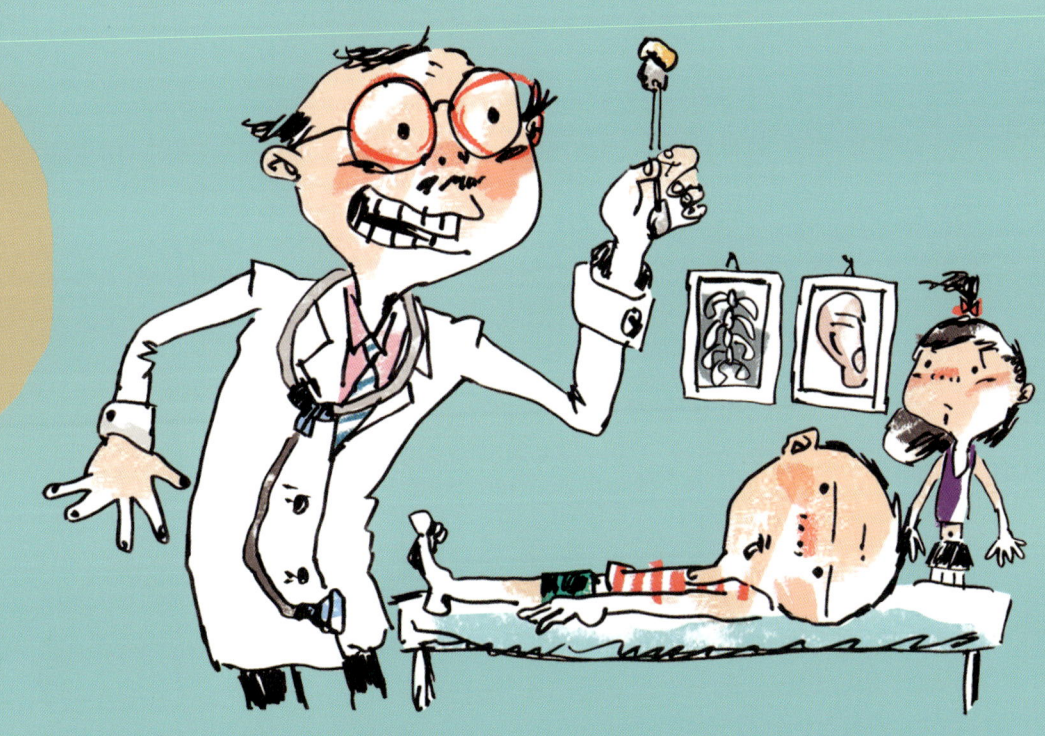

# 어떻게 볼 수 있는 걸까요?

우리가 지금 이 책을 볼 수 있는 것은 바로 눈이 있기 때문입니다. 눈은 사물에 부딪쳐 반사된 빛을 받아들여 신경신호로 바꾼 뒤 뇌로 보내는 역할을 하지요.

빛은 '홍채'로 둘러싸인 눈동자(동공)를 통해 들어옵니다. 홍채는 밝을 때는 눈동자를 작게, 어두울 때는 눈동자를 크게 해서 적절한 양의 빛이 들어오도록 조절하지요. 눈동자로 들어온 빛은 볼록한 렌즈 모양의 '수정체'를 통과합니다. 수정체는 빛이 눈 뒤의 '망막'에 정확하게 맺히도록 조절하지요. 재미있게도 수정체를 통과한 빛은 뒤집힌 상태로 망막에 도달하게 됩니다. 망막에는 '막대세포(간상세포)'와 '원뿔세포(원추세포)'라는 두 종류의 시세포들이 퍼져 있는데, 막대세포는 약한 빛을 감지하는 역할을 하고 원뿔세포는 밝은 빛에 민감하며 물체의 형태와 명암, 색깔을 모두 느낄 수 있어요.

시세포들이 빛의 자극을 전기신호로 바꾸면 시신경을 따라 전기신호가 뇌로 전달됩니다. 뇌는 전기신호를 분석하고 망막에 뒤집혀 전달된 빛을 다시 바르게 뒤집습니다. 또 전달된 전기신호를 이전에 기억하고 있는 것과 비교, 분석하여 우리가 본 것이 무엇인지 이해하게 된답니다.

 우리는 1분에 약 10~20번 눈을 깜빡이면서 잠시 동안 보지 못하지만 그 사실을 의식하지 못한답니다.

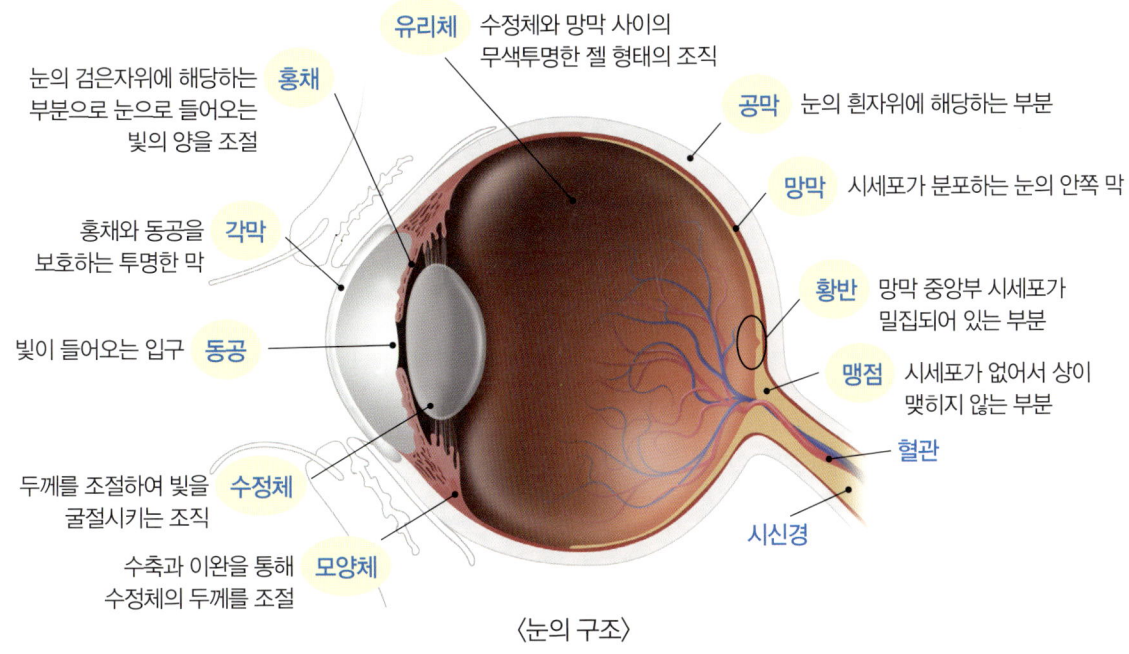

〈눈의 구조〉

- **유리체**: 수정체와 망막 사이의 무색투명한 젤 형태의 조직
- **홍채**: 눈의 검은자위에 해당하는 부분으로 눈으로 들어오는 빛의 양을 조절
- **각막**: 홍채와 동공을 보호하는 투명한 막
- **동공**: 빛이 들어오는 입구
- **수정체**: 두께를 조절하여 빛을 굴절시키는 조직
- **모양체**: 수축과 이완을 통해 수정체의 두께를 조절
- **공막**: 눈의 흰자위에 해당하는 부분
- **망막**: 시세포가 분포하는 눈의 안쪽 막
- **황반**: 망막 중앙부 시세포가 밀집되어 있는 부분
- **맹점**: 시세포가 없어서 상이 맺히지 않는 부분
- **혈관**
- **시신경**

뉴스 속 용어 알기

홍채가 신분증? '바이오 매트릭스'

지문은 사람마다 전부 다르기 때문에 지문을 이용해 사람을 구별해 낼 수 있어요. 이처럼 신체 특징으로 사람을 구별하는 것을 생체인식기술, 즉 '바이오 매트릭스'라고 불러요.

그런데 홍채도 지문처럼 사람을 구별하는 데 사용할 수 있어요. 사람마다 홍채의 모양과 색깔이 다른 점을 이용하는 것이죠. 땀이나 이물질이 묻으면 제대로 인식되지 않는 지문보다 홍채가 더 정확하게 사람을 구별할 수 있어요.

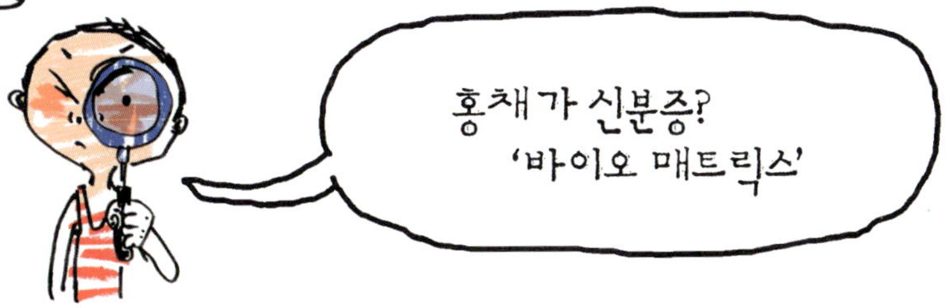

홍채인식장치로 신분을 확인하고 있어요.

홍채 외에도 손등의 핏줄 모양이나 걸음걸이, 타자를 치는 습관 등으로 사람을 구별하는 기술도 개발되고 있답니다.

좋은 눈, 나쁜 눈?

흔히 '눈이 좋다' 또는 '눈이 나쁘다'라고 얘기하죠? 눈이 좋은 사람은 멀리 있는 것도 선명하게 보이지만, 눈이 나쁜 사람은 초점을 정확히 맞추지 못해 물체가 흐릿하게 보여요.

그렇다면 왜 초점을 못 맞추는 걸까요? 그 이유는 바로 수정체의 두께와 눈알의 길이 때문이에요. 수정체는 얇아지거나 두꺼워질 수 있어요. 모양체가 수정체의 두께를 조절하여 빛이 정확하게 망막에 맺히도록 하지요. 그런데 수정체가 지나치게 두껍거나 눈알이 앞뒤로 길어져서 망막이 너무 멀리 있으면 먼 곳에 있는 물체를 잘 볼 수 없어요. 이런 눈을 '근시안'이라고 합니다. 반대로 수정체가 지나치게 얇거나 눈알이 앞뒤로 짧아져서 망막이 너무 가까우면 '원시안'이 되어 가까운 곳에 있는 물체가 잘 보이지 않아요. 근시안은 오목렌즈를 이용해 빛이 더 멀리 나아가서 맺히게 하고, 원시안은 볼록렌즈를 이용해 빛이 가까운 곳에서 맺히게 만들어 시력을 교정하지요.

눈이 나빠지지 않으려면 컴퓨터나 책을 볼 때 적절한 거리를 유지하고, 때때로 먼 곳을 봐서 수정체를 쉬게 해 주는 것이 좋답니다.

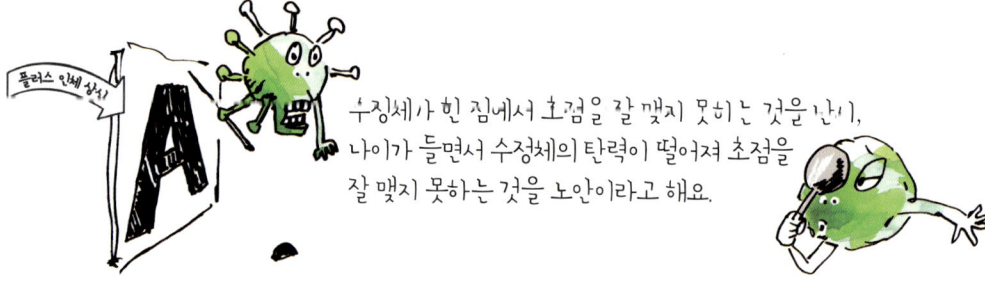
수정체가 흰 집에서 초점을 잘 맺지 못하는 것은 난시, 나이가 들면서 수정체의 탄력이 떨어져 초점을 잘 맺지 못하는 것을 노안이라고 해요.

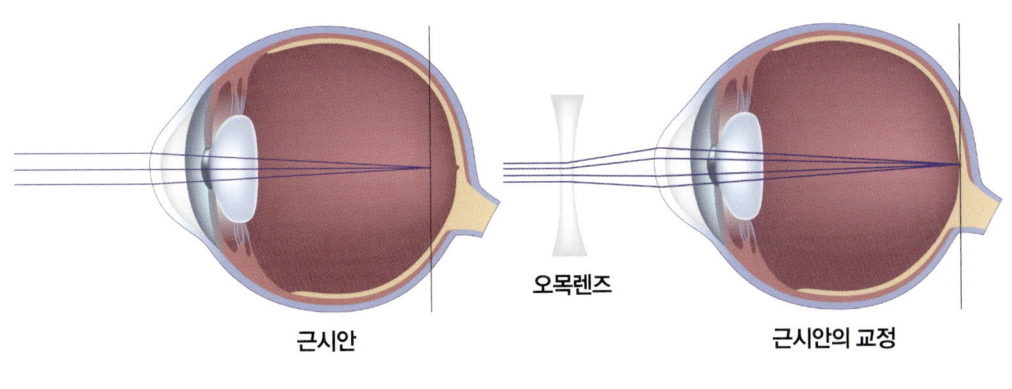

오목렌즈

근시안　　　　　　　　　근시안의 교정

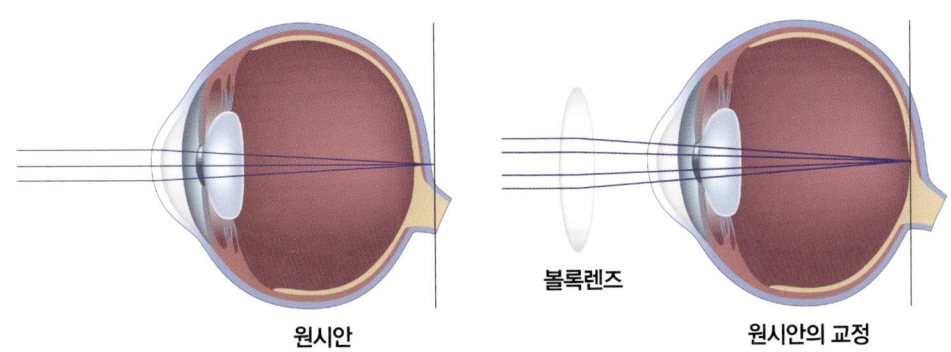

볼록렌즈

원시안　　　　　　　　　원시안의 교정

뉴스 속 용어 알기

눈을 보관하는 은행 '안구은행'

영화나 드라마에서 앞을 못 보던 사람이 각막을 이식받고 다시 볼 수 있게 되는 장면이 종종 등장하지요? 각막이 흐려지거나 각막의 모양이 변해 앞을 볼 수 없는 사람들은 다른 사람의 각막을 이식받으면 시력을 회복할 수 있답니다. 각막을 이식받으려면 먼저 기증을 받아야 해요. 각막을 기증하겠다고 등록한 사람이 사망하면 각막을 기증받아 필요한 사람에게 보내 주는 곳이 바로 '안구은행'이지요. 우리나라에는 약 50개의 안구은행이 있답니다.

시력을 좋게 하는 수술

라식수술은 근시안이나 난시안으로 시력이 나쁜 경우 각막의 두께를 조절해서 망막에 초점이 잘 맺히도록 하는 수술이에요.

라식수술을 할 때는 먼저 각막의 윗부분을 얇게 잘라 젖혀 둡니다. 그리고 각막의 아랫부분을 레이저빔으로 적당하게 깎아 내지요. 마지막으로 젖혀 놓은 부분을 다시 덮으면 수술이 끝나요. 각막은 약 500㎛(마이크로미터, 1mm=1000㎛)로 아주 얇아요. 하지만 기술의 발전 덕에 얇은 각막의 윗부분만을 자르고 시력에 따라 필요한 만큼만 레이저로 정확하게 깎아 내는 것이 가능하답니다.

이외에도 각막 윗부분을 알코올로 얇게 벗겨 내는 '라섹수술'이나 눈 속의 눈동자 부분에 얇은 렌즈를 넣는 '렌즈삽입술'과 같은 수술 방법도 있어요.

하지만 눈이 나쁘다고 해서 누구나 시력을 좋게 하는 수술을 받을 수 있는 건 아니에요. 수술을 하기 전에 먼저 눈을 꼼꼼히 검사해서 수술을 하기에 적합한 눈인지 진찰해 봐야 해요. 또 성장기의 어린이는 수술을 받을 수 없답니다.

> **플러스 인체 상식**
> 50분 정도 책이나 컴퓨터, 휴대전화 같은 가까운 거리를 보았다면 10분 정도는 5미터 이상 먼 곳을 보아 눈의 근육을 쉬게 해 주세요.

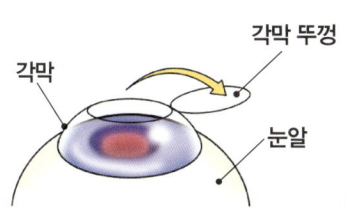
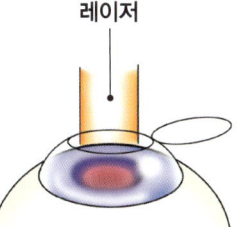
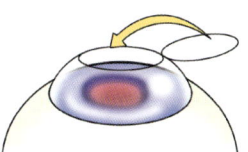

1단계
각막의 윗부분을
얇게 잘라 젖혀 둬요.

2단계
각막을 레이저빔으로
깎아 두께를 조절해요.

3단계
젖혀 놓은 각막 뚜껑을
다시 덮어요.

〈라식수술의 원리〉

내 눈은 마이너스? '디옵터' 이야기

눈이 많이 나쁜 사람이 '내 시력은 마이너스 얼마'라고 이야기하는 경우가 있어요. 그런데 이것은 잘못된 표현이지요. 시력검사표에서 가장 큰 글씨가 가까스로 보이면 0.1, 가장 작은 글씨까지 다 보이면 시력은 2.0으로 측정해요. 하지만 가장 큰 글씨가 보이지 않는다고 해서 마이너스의 시력이 되는 것은 아니랍니다. 0.1에 못 미치는 시력은 다시 0.09~0.01로 나타내요. 시력이 0인 것은 아무것도 보지 못한다는 뜻이에요. 그렇다면 시력이 마이너스라는 표현은 어디서 나온 것일까요? 그것은 시력을 교정하는 데 필요한 렌즈의 수치, 즉 '디옵터'라는 단위에서 나온 거예요. 예를 들면 0.1의 시력을 교정하기 위해 −3.00디옵터의 렌즈를 사용한다는 표현이지요.

 색맹은 색을 못 봐요?

흔히 색맹이라고 하면 색을 보지 못한다는 의미로 생각하기 쉽지만 색맹은 색깔의 차이를 잘 구별하지 못하는 것을 말해요. 아예 색을 보지 못하는 경우는 아주 드물답니다.

그렇다면 왜 색맹이 되는 걸까요? 그 이유는 바로 원뿔세포의 종류가 적어서랍니다. 망막에는 붉은색과 녹색, 파란색을 느끼는 각각의 원뿔세포들이 있어요. 정상인 사람들은 원뿔세포가 느끼는 붉은색과 녹색, 파란색의 혼합으로 수만 가지의 색을 구별할 수 있답니다.

그런데 색맹인 사람들은 붉은색과 녹색, 파란색을 느끼는 세 가지 종류의 원뿔세포 중 하나의 기능이 불완전하거나 아예 두 종류의 원뿔세포밖에 없기도 해요. 색맹인 사람들 중에는 붉은색과 녹색의 차이를 구별하지 못하는 적녹색맹이 가장 많답니다.

색맹이라고 해도 색을 전혀 볼 수 없는 것은 아니기 때문에 다른 사람들과 색을 좀 다르게 볼 뿐 일상에서 큰 불편은 없어요. 그러나 화가나 디자이너, 의사처럼 색을 정확하게 구별해야 하는 직업을 갖기는 어렵다고 해요.

> **플러스 인체 상식**
> 색맹은 유전이에요. 그런데 남자는 색맹 유전자를 하나만 가져도 색맹이 되지만 여자는 색맹 유전자를 두 개 가져야만 색맹이 되기 때문에 색맹은 주로 남자에게 나타난답니다.

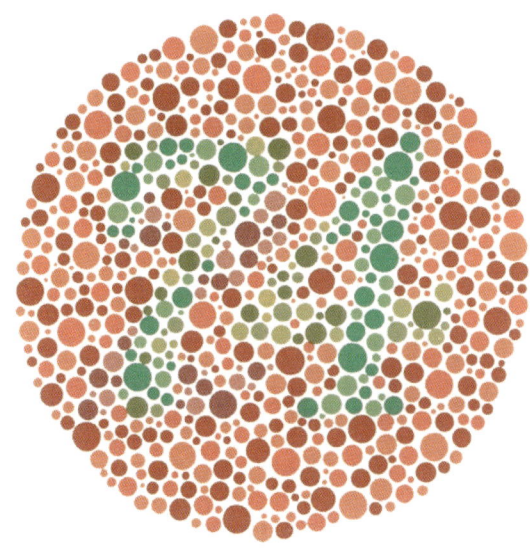

적녹색맹 검사지
적녹색맹인 사람은 붉은색과 녹색을 구별하지 못하므로 74란 숫자를 읽지 못해요.

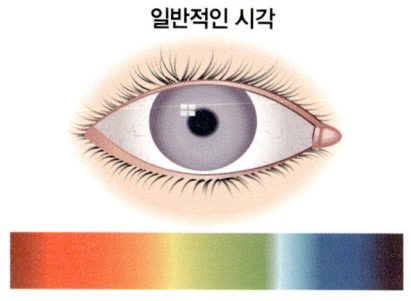

붉은색과 녹색의 차이를 구별하지 못해요. 파란색과 노란색의 차이를 구별하지 못해요.

# 눈병을 예방하는 방법

눈병이란 눈에 생기는 병을 통틀어 말하지만, 일반적으로 눈병이라고 하면 세균이나 바이러스에 감염되어 눈이 아픈 것을 말해요. 가장 잘 알려진 눈병으로는 '아폴로 눈병'이 있지요. 아폴로 11호가 달에 착륙한 1969년에 세계적으로 크게 유행하는 바람에 아폴로 눈병이라는 이름을 갖게 되었답니다.

아폴로 눈병에 걸리면 결막에 염증이 생겨요. 결막은 외부에서 눈을 감싸고 있는 조직으로 눈의 흰자위와 눈꺼풀 안쪽을 말하지요. 결막에 염증이 생기면 빨갛게 충혈되거나 부어오르고 눈에 티끌이 들어간 것처럼 느껴지거나 눈물이 계속 흐르기도 해요. 아폴로 눈병은 보통 일주일 정도면 가라앉지만 눈의 다른 부위에 염증이 옮거나 시력이 나빠질 수도 있기 때문에 꼭 병원에 가서 치료를 받아야 해요.

눈병을 예방하는 가장 좋은 방법은 손을 자주 씻는 거예요. 우리 눈에는 보이지 않지만 손에 세균이 묻어 있을 수 있거든요. 특히 흙장난을 하거나 여럿이 사용하는 물건을 만지고 난 후 세균이 묻기 쉬운데, 이때 손을 씻지 않고 눈을 비비면 눈병에 걸릴 수 있답니다. 또 눈병이 유행할 때는 사람이 많이 모이는 곳에 가지 않는 게 좋아요. 수영장은 물을 통해 세균이 옮기 쉬우므로 더욱 조심해야 하지요. 또한 눈병에 걸린 사람과는 비누나 수건을 따로 써야 한답니다.

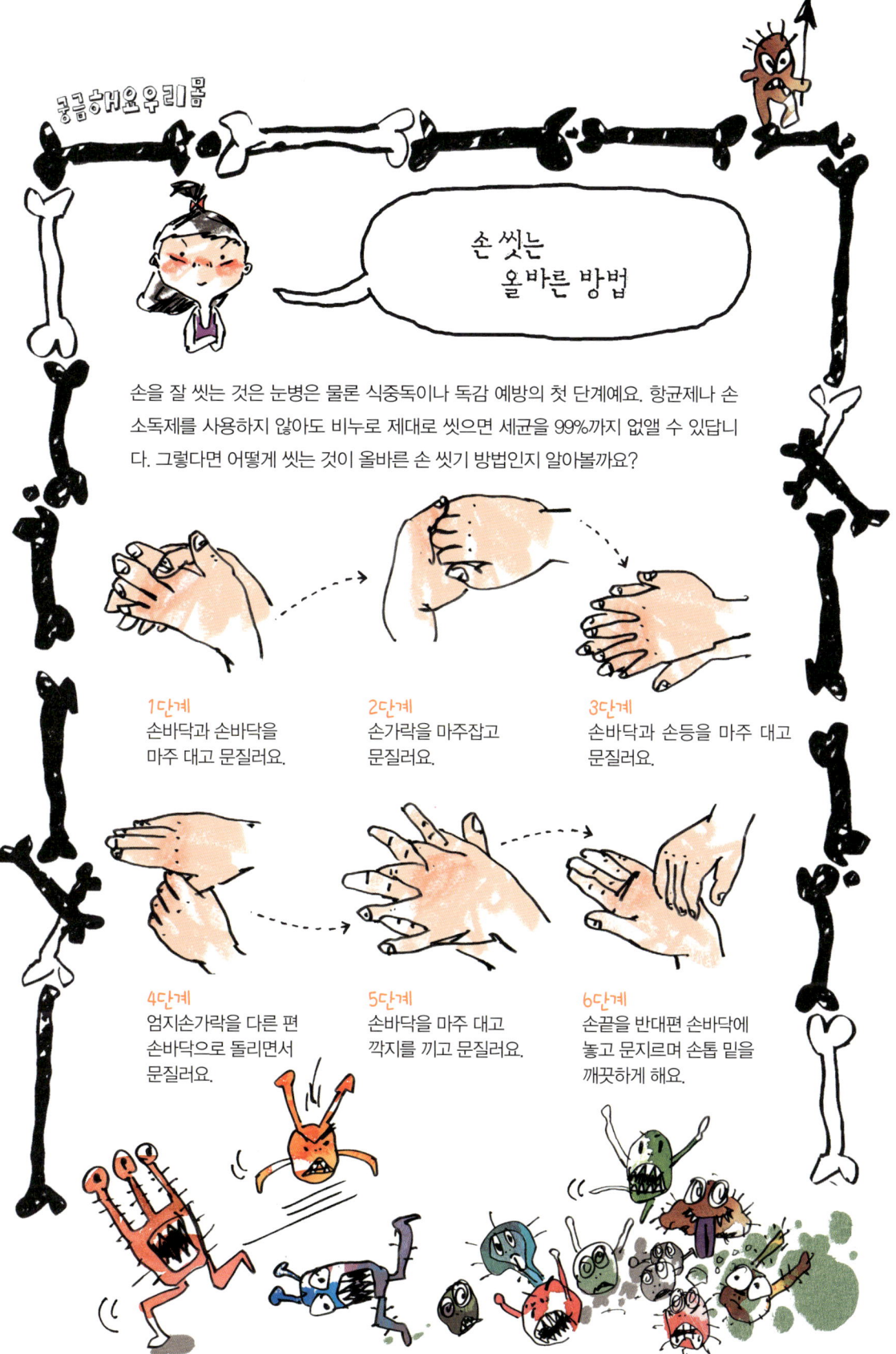

킁킁, 냄새는 어떻게 맡아요?

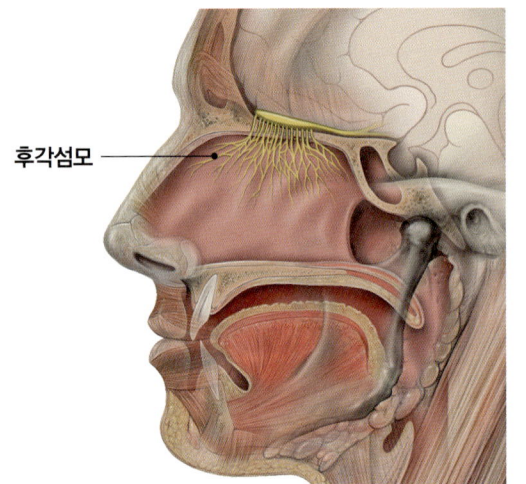

후각섬모

우리는 어떻게 꽃향기와 똥냄새를 구분할 수 있을까요? 또 어떻게 두세 가지 냄새를 한꺼번에 맡을 수 있을까요? 바로 이 문제의 답을 밝혀낸 두 과학자 리처드 액셀과 린다 벅은 2004년도에 노벨 생리의학상을 받았어요. 그만큼 냄새를 맡는 원리를 밝혀낸 것은 매우 중요한 성과로 평가되지요.

코는 겉으로 보기에는 단순해 보이지만 그 안은 굉장히 복잡한 구조로 다른 기관과 연결되어 있어요. 냄새를 맡을 수 있는 것은 콧속 위쪽에 있는 후각세포 덕분이에요. 후각세포에는 아주 작은 털 모양의 후각섬모가 촘촘히 박혀 있지요. 후각섬모는 꽃이나 똥, 레몬 등의 물질에서 떨어져 나와 공기 중에 떠다니던 냄새 분자와 만나면 이를 전기신호로 바꿔 뇌로 보내게 됩니다. 그러면 뇌는 이 전기신호를 뇌 속에 저장해 두었던 정보와 비교하고 분석해서 어떤 냄새인지 알아차리게 되지요. 처음 맡는 냄새라면 뇌는 이 정보를 새롭게 저장하기도 합니다.

재미있게도 냄새는 뇌에서 감정을 담당하는 부분도 함께 자극해 냄새를 통해 추억에 젖거나 쉽게 사랑에 빠질 수도 있대요. 또 후각세포는 금

세 지치기 때문에 어느 정도 시간이 지나면 더 이상 그 냄새를 느끼지 못하게 돼요. 그래서 냄새가 지독한 화장실이라도 그 안에 오래 있으면 냄새가 덜 나는 것처럼 느껴진답니다.

플러스 인체 상식
똥 속에 들어 있는 '인돌'이라는 물질은 불쾌한 냄새를 갖고 있는데, 농도가 묽어지면 꽃향기처럼 좋은 냄새가 나는 신기한 물질이랍니다.

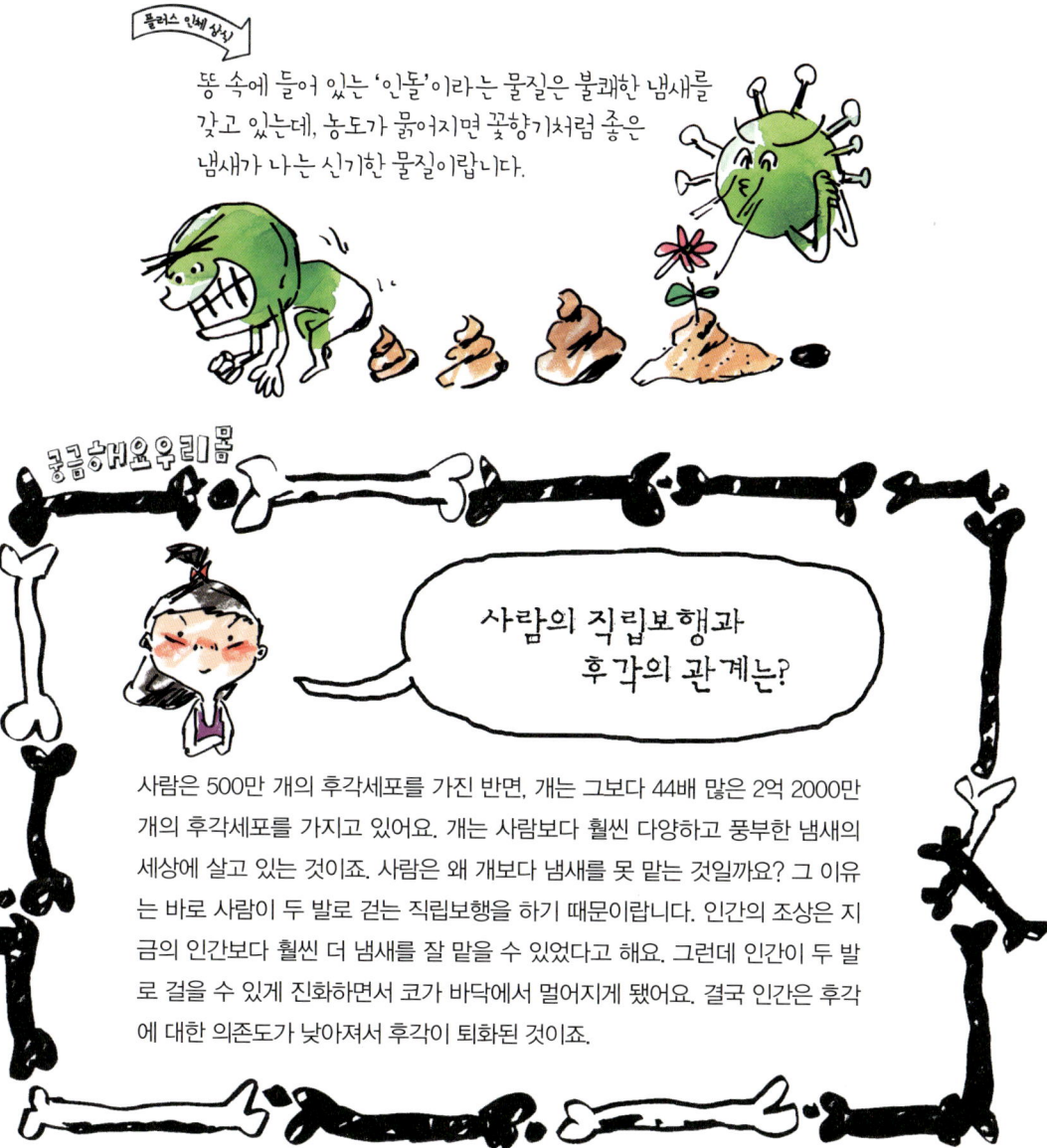

궁금해요 우리몸

사람의 직립보행과 후각의 관계는?

사람은 500만 개의 후각세포를 가진 반면, 개는 그보다 44배 많은 2억 2000만 개의 후각세포를 가지고 있어요. 개는 사람보다 훨씬 다양하고 풍부한 냄새의 세상에 살고 있는 것이죠. 사람은 왜 개보다 냄새를 못 맡는 것일까요? 그 이유는 바로 사람이 두 발로 걷는 직립보행을 하기 때문이랍니다. 인간의 조상은 지금의 인간보다 훨씬 더 냄새를 잘 맡을 수 있었다고 해요. 그런데 인간이 두 발로 걸을 수 있게 진화하면서 코가 바닥에서 멀어지게 됐어요. 결국 인간은 후각에 대한 의존도가 낮아져서 후각이 퇴화된 것이죠.

콧물이 주룩주룩

    콧속은 항상 끈끈한 액체로 덮여 있어요. 이런 액체를 점액이라고 하고, 점액을 만드는 막을 점막이라고 해요. 콧속의 점액 덕분에 밖에서 들어오는 작은 먼지나 세균들은 끈끈한 액체에 붙어서 더 이상 몸속으로 침입하지 못하지요. 작은 먼지나 세균이 붙은 점액은 콧물이나 코딱지가 되어 밖으로 나오기도 합니다.

    그런데 너무 많은 콧물이 나올 때가 있어요. 감기에 걸리거나 알레르기가 생겼을 경우지요. 감기나 알레르기는 코의 점막에 염증 반응을 일으킵니다. 염증 반응이란 우리 몸에 나쁜 물질이 들어왔을 때 자연적으로 일어나는 방어 현상이에요. 혈액 속의 백혈구가 나쁜 물질과 싸우는 것이죠. 염증 반응이 일어나면 열이 나고 벌겋게 부어오르거나 고름이 나오기도 합니다. 코의 점막에 염증이 생기면 점액을 만들어 내는 점액선이 부어서 많은 액체가 흘러나오게 돼요. 그래서 콧물이 주룩주룩 흐르는 것이지요.

    콧물이 너무 많이 나오면 냄새도 맡기 힘들어지는데, 콧물이 냄새 분자와 후각섬모가 만나는 것을 방해하기 때문이랍니다.

코딜이나 점막이 먼지를 모았을 때 굳으면 덩어리가 생기는데, 이것이 바로 코딱지랍니다.

보통 감기나 알레르기 때문에 생기는 콧물은 증상이 나으면서 자연히 멈추게 됩니다. 하지만 콧물이 계속 나고 머리가 아프거나 코 양옆 부분이 아프다면 '축농증'에 걸렸을 수도 있어요. 축농증은 '부비동염'이라고도 부르는데 부비동에 염증이 생겼다는 의미예요. 부비동은 코 주위의 얼굴 뼈 속에 있는 빈 공간을 말하지요. 부비동과 콧속은 작은 구멍으로 연결되어 있는데, 이 구멍이 막히면 부비동에 염증이 생기게 된답니다. 열흘 이상 콧물이 계속 흐른다면 축농증이 의심되니 병원에 가 보는 것이 좋아요.

 # 눈물이 나면 콧물도 나오는 이유

　슬플 때도, 아플 때도, 하품할 때도, 감동했을 때도 눈물이 나와요. 이뿐만이 아니에요. 우리 눈은 항상 적당한 양의 눈물로 촉촉히 젖어 있답니다. 눈물이 없다면 눈이 너무 뻑뻑해서 눈을 깜빡이기도 힘들 거예요. 눈물은 눈에 붙은 먼지를 씻어 내기도 하고, 눈물 속에 든 '라이소자임'이라는 물질이 세균을 죽이기도 하지요.

　그런데 눈물을 흘리면 나도 모르게 코도 훌쩍이게 돼요. 눈물이 날 때 콧물도 흐르는 이유는 눈과 코가 서로 연결되어 있기 때문이랍니다. 눈물샘에서 눈으로 흘러내린 눈물은 눈물소관을 따라 흘러 눈의 옆쪽에 있는 눈물주머니에 모였다가 코로 연결된 코눈물관을 통해 콧구멍으로 나

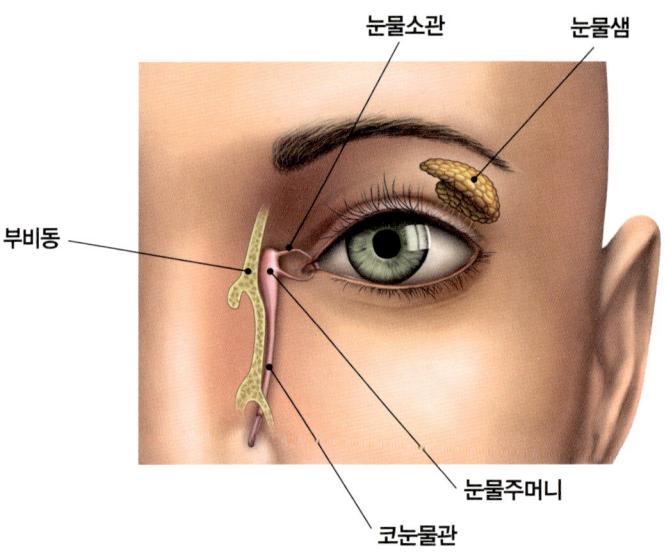

오거든요. 눈물은 평소에도 계속 콧구멍으로 나오고 있지만 매우 적은 양이기 때문에 느끼지 못해요. 하지만 슬픈 영화를 보고 눈물을 많이 흘리게 되면 코로 나오는 눈물의 양이 많아져 코도 훌쩍이게 되는 거예요.

플러스 인체 상식

슬플 때 맘껏 울고 나면 스트레스가 풀리는 것은 물론 면역력을 높이는 데도 도움이 된다고 해요.

궁금해요 우리몸

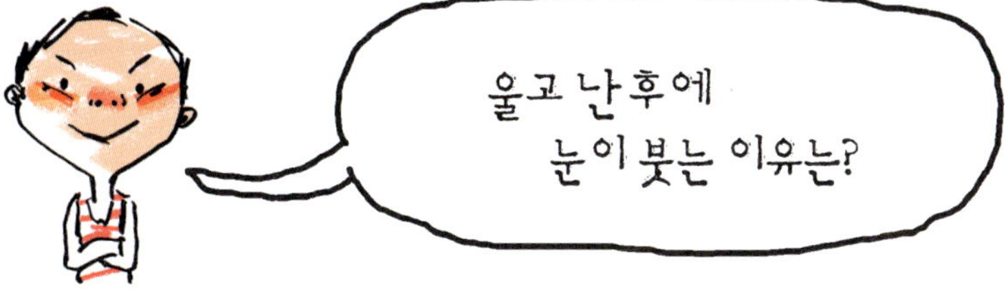

울고 난 후에 눈이 붓는 이유는?

엉엉 울고 난 후에는 눈이 퉁퉁 부어요. 울면 왜 눈이 붓는 걸까요? 사실은 울기 때문에 눈이 붓는 것이 아니라, 울면서 눈을 만지거나 비비는 등 눈을 자극하기 때문에 붓는 거예요. 눈을 자극하면 눈꺼풀에 퍼져 있는 모세혈관의 벽으로 조직액이 흘러나오면서 눈이 붓게 되지요. 눈꺼풀은 다른 피부보다 얇기 때문에 더 쉽게 부어오른답니다.

보아야, 울었니? 눈이 부었네.

아니, 울긴 누가….

눈곱 떼느라 눈 비빈 건데….

드르렁드르렁, 왜 코를 골까요?

코를 고는 이유를 알기 위해서는 '기도'와 '물렁입천장'에 대해 알아야 해요. 기도는 공기가 지나는 길을 말해요. 우리가 숨을 쉴 때 공기는 콧구멍에서 인두와 기관지를 거쳐 폐에 이르는 통로를 지나게 되는데, 이 통로가 바로 기도지요.

물렁입천장은 말 그대로 물렁물렁한 입천장을 말해요. 혀로 입천장의 뒷부분을 더듬어 보세요. 앞부분과는 다르게 물렁물렁하게 느껴지나요? 코와 입이 맞닿아 있는 입천장의 뒷부분은 뼈가 없어서 물렁입천장이라고 부른답니다. 물렁입천장이 아래로 약간 처진 부분이 목젖이지요.

누워서 잠을 잘 때 물렁입천장의 근육이 느슨해지면서 기도가 좁아질 수 있어요. 그러면 공기가 좁은 기도를 지나면서 드르렁드르렁 소리가 나게 되는데, 이게 바로 코골이지요. 결국 코를 심하게 곤다는 것은 기도가 좁아져 숨을 편하게 쉴 수 없다는 의미예요. 자면서 코를 골다가 10초 이상 숨을 쉬지 않는 증세가 1시간 당 5번 이상 되면 '수면무호흡증'이라고 진단합니다.

코골이나 수면무호흡증으로 숨을 편하게 쉬지 못하면 우리 몸에 산소가 원활히 공급되지 못하기 때문에 심장과 폐에 무리가 갈 수 있어요. 그래서 코골이가 심한 사람은 자고 일어나도 몸이 개운하지 않고 계속 피곤하지요. 코를 심하게 고는 것은 건강에 해로울 수 있으므로 잘 때 물렁입천장이 내려오는 것을 막는 기구를 쓰거나 수술로 고쳐야 한답니다.

코를 골지 않던 사람도 비만이 되면 코골이를 할 수 있어요. 비만으로 목 부위에 지방이 쌓이거나 혀, 편도 등의 조직이 커지기 때문이랍니다.

 # 귓속 달팽이로 듣는다고요?

　귓속에 소리를 듣게 해 주는 달팽이가 있다는 사실을 알고 있나요? 우리의 왼쪽과 오른쪽 귓속에는 작은 달팽이처럼 생긴 중요한 청각 기관이 있답니다.

　우리가 들을 수 있는 소리는 모두 파동으로 되어 있어요. 소리의 파동은 공기 입자들을 앞뒤로 진동시키며 나아가요. 큰 소리는 더 크게 진동하고, 높은 소리는 진동이 빠르며, 낮은 소리는 진동이 느리지요.

　공기의 진동이 귀로 들어오면 귓구멍을 따라 이동해 고막과 부딪쳐 고막을 떨리게 만들어요. 고막의 떨림은 청소골(귓속뼈)로 전달되지요. 청소골은 망치뼈와 모루뼈, 등자뼈, 이렇게 세 개의 뼈로 이루어져 있어요. 그 가운데 등자뼈는 우리 몸에서 가장 작은 뼈랍니다.

　청소골을 지난 진동은 난원창을 통해 달팽이 모양의 달팽이관으로 전달됩니다. 달팽이관에는 미세한 털이 나 있는데, 이 털들이 소리의 진동을 감지해 청신경으로 보내지요. 청신경은 소리의 진동을 신경신호로 바꿔 뇌로 보낸답니다. 이처럼 우리 귓속에 있는 복잡하고 정교한 기관의 작용 덕분에 우리가 소리를 들을 수 있는 거예요.

우리 몸에서 가장 작은 뼈인 등자뼈는 길이가 4mm도 채 되지 않는답니다.

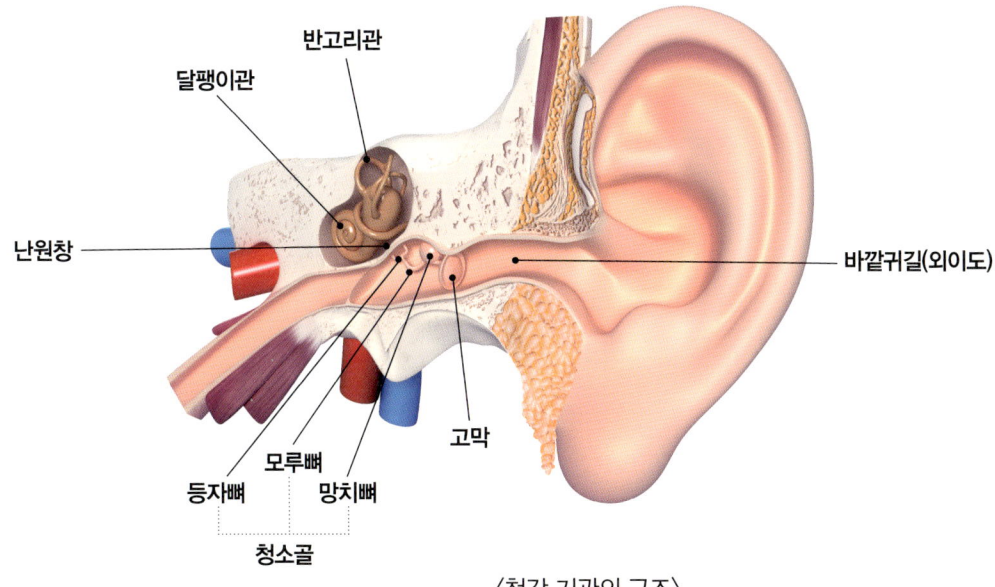

〈청각 기관의 구조〉

오랫동안 음악을 크게 들으면 청각이 손상될 수 있어요. 이어폰으로 들으면 더욱 위험하지요. 이어폰을 사용하면 소리가 빠져나가지 못하고 더 증폭되기 때문이에요. 이어폰으로 음악을 들을 때는 '데시벨'을 낮춰 적당한 소리로 적당한 시간 동안 들어야 한답니다.

데시벨은 소리의 크기를 나타내는 단위로 'dB'라고 써요. 90dB 이상의 소음에 매일 8시간 이상, 105dB 이상의 소음에 매일 1시간 이상 지속적으로 노출되면 소음성 난청이 생기기 쉽다고 해요.

그렇다면 이어폰을 사용할 때, 어느 정도의 크기로 얼마 동안 들어야 할까요? 70dB 안팎으로 1시간 정도 듣는 것이 적당해요. 70dB은 일상적인 대화(60dB)보다는 약간 크고 버스나 지하철의 소음(80dB)보다는 약간 작은 정도예요. 이어폰을 사용할 때는 한 시간마다 이어폰을 빼고 귀를 쉬게 하는 것이 좋아요.

귀로 중심을 잡는다고요?

귀는 소리만 듣는 기관이 아니에요. 우리 몸의 움직임도 느낀답니다. 달팽이관을 다시 한번 자세히 볼까요? 달팽이관 윗부분에 고리가 세 개 있는 것이 보이나요? 이 고리를 '반고리관'이라고 불러요. 고리가 세 개여서 '세반고리관'이라고도 부르지요.

반고리관 안에는 액체가 들어 있어요. 또 반고리관 안쪽에는 미세한 털이 나 있지요. 우리가 몸을 움직이면 반고리관 안의 액체가 회전하게 되고, 이 움직임에 따라 반고리관의 털이 휘면서 우리는 어떻게 움직이는지 느끼게 됩니다. 세 개의 고리는 각기 다른 각도로 기울어져 있어서 우리 몸의 움직임을 아주 정확하게 알아낼 수 있어요.

반고리관 아래에는 '타원주머니'와 '둥근주머니'가 있어요. 액체로 가득

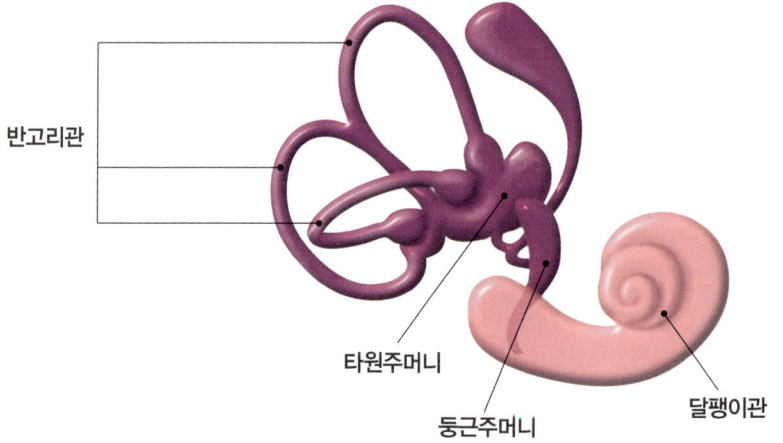

〈평형 기관의 구조〉

찬 주머니 속에는 아주 작은 '귓돌'이 들어 있지요. 몸이 기울면 귓돌이 움직이면서 우리 몸의 움직임을 알려 준답니다.

우리의 뇌는 반고리관과 타원주머니, 둥근주머니가 느끼는 움직임과 눈으로 보는 정보에 근육이나 관절에서 오는 정보를 더해 몸의 움직임을 파악하고 조절할 수 있어요. 결국 귓속의 기관 덕분에 우리는 똑바로 걷는 것은 물론 멋지게 춤을 추거나 자전거를 탈 수 있는 거랍니다.

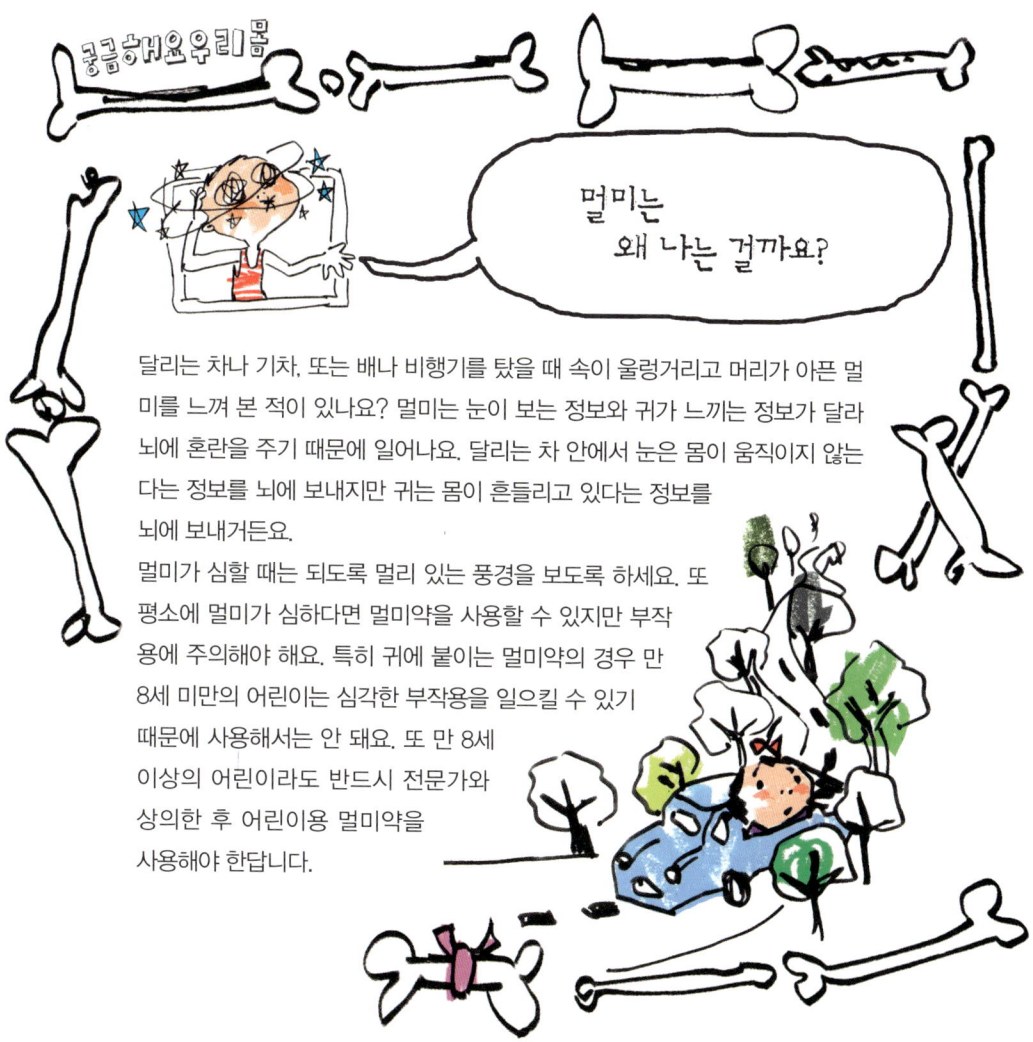

멀미는 왜 나는 걸까요?

달리는 차나 기차, 또는 배나 비행기를 탔을 때 속이 울렁거리고 머리가 아픈 멀미를 느껴 본 적이 있나요? 멀미는 눈이 보는 정보와 귀가 느끼는 정보가 달라 뇌에 혼란을 주기 때문에 일어나요. 달리는 차 안에서 눈은 몸이 움직이지 않는다는 정보를 뇌에 보내지만 귀는 몸이 흔들리고 있다는 정보를 뇌에 보내거든요.

멀미가 심할 때는 되도록 멀리 있는 풍경을 보도록 하세요. 또 평소에 멀미가 심하다면 멀미약을 사용할 수 있지만 부작용에 주의해야 해요. 특히 귀에 붙이는 멀미약의 경우 만 8세 미만의 어린이는 심각한 부작용을 일으킬 수 있기 때문에 사용해서는 안 돼요. 또 만 8세 이상의 어린이라도 반드시 전문가와 상의한 후 어린이용 멀미약을 사용해야 한답니다.

귀에 벌레가 들어가면 어떻게 해요?

으악! 귓구멍으로 벌레가 들어갔다고요? 벌레가 귓속에서 웽웽거리면 무척 놀라겠지만 벌레가 뇌 속으로 들어가지는 못하니 걱정 마세요. 당황해서 귀를 후비거나 하면 고막이 다칠 수도 있으니 침착해야 해요. 우선 벌레가 스스로 나오도록 잠시 기다려 보세요. 그래도 벌레가 나오지 않는다면 알코올이나 기름을 몇 방울 귓구멍에 흘려 넣어 벌레를 죽일 수 있어요. 하지만 죽은 벌레를 꺼내려고 귀를 마구 후벼서는 안 돼요. 잘못하면 외이도염에 걸릴 수 있거든요. 벌레를 꺼내는 일은 병원에 가서 의사 선생님께 맡기도록 하세요.

외이도염은 귓바퀴를 지나 고막으로 가는 외이도에 상처가 나서 그 상처에 염증이 생기는 것을 말해요. 귀지를 심하게 파다가 외이도염에 걸릴 수도 있어요. 귀지는 저절로 밖으로 나오므로 일부러 파내지 않아도 된답니다.

어린이가 자주 걸리는 귓병이 한 가지 있어요. 바로 중이염이에요. 급성 중이염은 3세 미만 어린이의 80%가 겪을 정도로 흔한 질병이지요. 고막과 달팽이관 사이를 중이라고 하는데, 이곳에 염증이 생기는 거예요. 중이염이 심해지면 청력을 잃을 수도 있어요. 귀에서 고름이 나오거나 갑자기 귀가 잘 들리지 않는다면 빨리 병원에 가야 한답니다.

귀지, 더럽지 않아요!

귀지 하면 더러운 분비물이라는 생각부터 드나요? 사실 귀지는 그렇게 더럽지 않다고 해요. 귀지는 약 60%가 죽은 피부세포인 각질로 이루어져 있고 나머지는 땀과 피부에서 나온 기름 성분으로, 먼지 같은 이물질은 거의 섞여 있지 않답니다. 오히려 귀에 귀지가 생기지 않는다면 건강하지 않은 거예요. 귀지를 더럽다고 생각해서 심하게 파면 오히려 귀의 건강을 해칠 수 있으니 주의하세요.

# 비행기를 타면 귀가 먹먹해지는 이유

비행기를 타고 하늘 높이 빠르게 올라가면 갑자기 귀가 먹먹하게 느껴져요. 엘리베이터를 타고 높은 곳으로 빠르게 올라갈 때도 갑자기 귀가 먹먹해지지요. 심하면 귀가 아플 때도 있어요.

귀가 먹먹해지거나 아픈 이유는 고막을 사이에 두고 양쪽의 기압이 서로 달라서랍니다. 높은 곳으로 가면 기압이 낮아져요. 비행기나 엘리베이터를 타고 갑자기 높은 곳으로 이동하면 귓바퀴 쪽은 기압이 갑자기 낮아지는데 고막 안쪽의 기압은 그대로예요. 이렇게 서로 기압 차이가 나면 귀가 먹먹해지는 느낌을 받는 거지요.

이럴 때는 코와 입을 막고 침을 삼키거나 하품을 하면 '유스타키오관'이 열려서 기압을 맞춰 준답니다. 유스타키오관은 가운데귀와 목구멍이 서로 연결된 관이에요. 중세 시대 이탈리아의 의사였던 유스타키오가 발견해서 유스타키오관이라는 이름이 붙었답니다.

감기로 인해 유스타키오관에 염증이 생길 때도 있는데, 염증 때문에 유스타키오관이 막히면 일상생활 중에 귀가 멍한 증상이 계속되기도 해요. 귀와 목 사이에 기압을 맞춰 주는 관이 있다니 정말 신기하죠?

중세 시대 의사 유스타키오

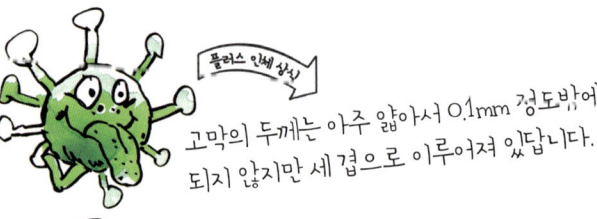

고막의 두께는 아주 얇아서 0.1mm 정도밖에 되지 않지만 세 겹으로 이루어져 있답니다.

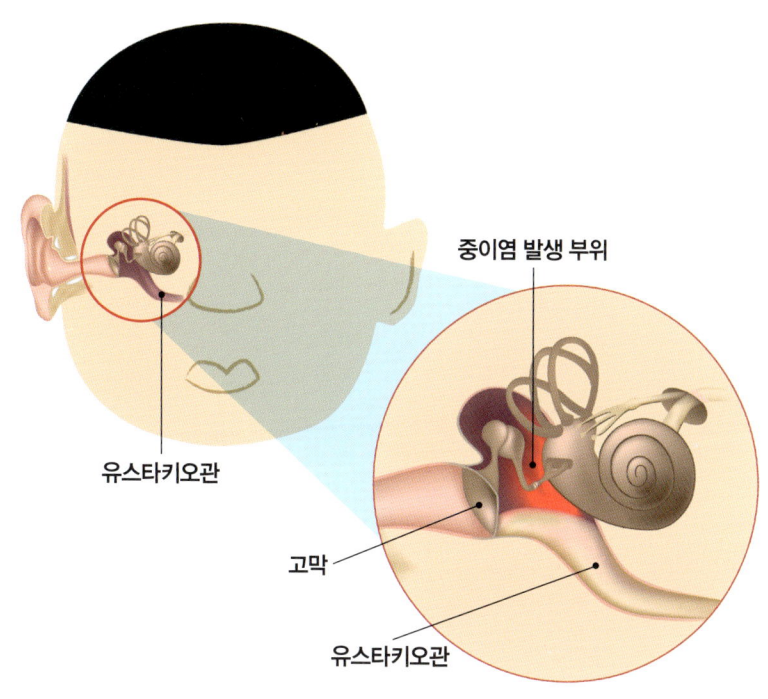

중이염 발생 부위
유스타키오관
고막
유스타키오관

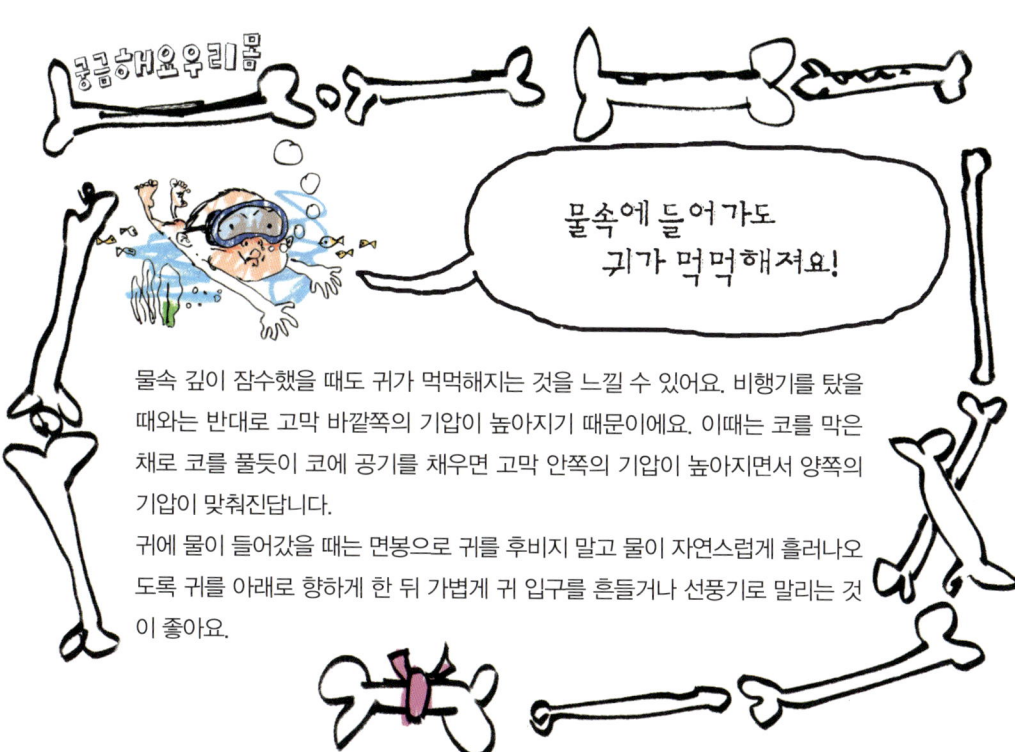

물속에 들어가도 귀가 먹먹해져요!

물속 깊이 잠수했을 때도 귀가 먹먹해지는 것을 느낄 수 있어요. 비행기를 탔을 때와는 반대로 고막 바깥쪽의 기압이 높아지기 때문이에요. 이때는 코를 막은 채로 코를 풀듯이 코에 공기를 채우면 고막 안쪽의 기압이 높아지면서 양쪽의 기압이 맞춰진답니다.

귀에 물이 들어갔을 때는 면봉으로 귀를 후비지 말고 물이 자연스럽게 흘러나오도록 귀를 아래로 향하게 한 뒤 가볍게 귀 입구를 흔들거나 선풍기로 말리는 것이 좋아요.

혀는 몇 가지 맛을 구분할까요?

맛은 혓바닥과 입천장에 있는 '맛봉오리'라는 곳에서 느껴요. 맛봉오리는 '미뢰'라고도 하는데, 미각세포들이 꽃봉오리 모양으로 모여 있는 곳이에요. 사람의 혀에는 보통 1만 개의 맛봉오리가 있지요. 미각세포에는 아주 작은 털이 있어서 이 털을 통해 맛을 느껴요. 맛에 대한 정보는 미각세포와 연결되어 있는 미각신경을 통해 뇌로 보내지지요.

사람은 단맛, 짠맛, 신맛, 쓴맛, 감칠맛 이렇게 다섯 가지의 맛을 느낄 수 있어요. 보통 매운맛이라고 표현하지만 매운맛은 맛이 아니라 아픈 느낌, 즉 통각이랍니다. 혀에는 매운맛에 반응하는 미각세포가 없거든요.

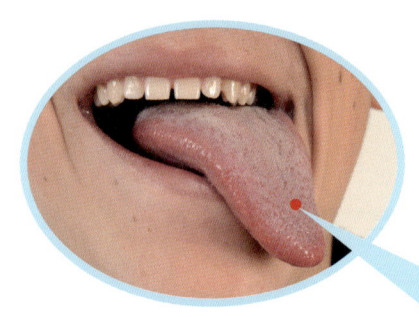

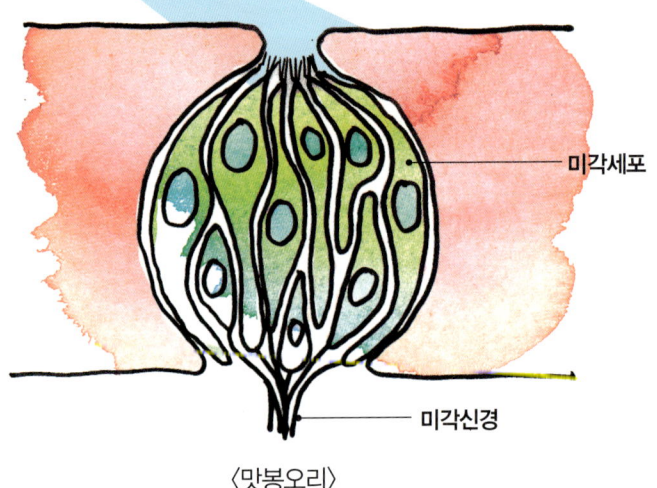

〈맛봉오리〉

혹시 '맛지도'라는 말을 들어 본 적이 있나요? 단맛은 혀 끝, 짠맛은 혀 가운데, 신맛은 혀의 양옆, 쓴맛은 혀 뒤쪽에서 느낀다고 생각해서 이것을 그림으로 나타낸 것이에요. 맛지도는 예전 교과서에 실리기도 했었지요. 하지만 맛지도는 잘못된 것이랍니다. 혀의 어느 부분이든 모든 맛을 느낄 수 있어요. 하나의 맛봉오리 안에는 단맛, 짠맛, 신맛, 쓴맛, 감칠맛을 느끼는 세포가 모두 있거든요. 다만 혀의 각 부분마다 그 개수가 약간씩 달라 더 민감하게 느낄 수 있는 맛이 있답니다.

혀는 음식의 맛뿐만 아니라 온도와 촉각을 함께 느껴요.

궁금해요 우리몸

지방맛도 있다고요?

앞으로는 혀가 느끼는 맛의 종류가 하나 더 늘어날지도 몰라요. 2012년 1월, 혀가 지방의 맛도 느낄 수 있다는 연구 결과가 나왔답니다. 미국 워싱턴대학교 의과대학 페피노 마르타 교수 팀은 사람의 혀에 분포하는 'CD36' 유전자가 지방의 맛을 잘 느끼게 해 준다고 발표했어요.

사실 감칠맛도 1908년 일본인 화학자에 의해 새롭게 밝혀진 맛이랍니다. 그 전에는 사람이 느낄 수 있는 맛은 단맛, 신맛, 쓴맛, 짠맛 이렇게 네 가지로 알고 있었지요. 과학자들은 지방맛에 대해 더 연구를 진행하면 비만을 없애는 데에도 도움이 될 것으로 기대하고 있어요.

 # 냄새로도 눈으로도 맛을 느낀다고요?

우리가 단맛은 좋아하고 쓴맛은 싫어하는 이유는 무엇일까요? 단맛은 음식에 영양소가 들어 있다는 것을 알려 줘요. 태어나서 처음 먹는 엄마 젖에도 아기가 좋아하는 단맛이 난답니다. 반대로 쓴맛은 독성분이 있다는 걸 알려 주지요.

그런데 아무리 달콤한 음식이라도 악취가 난다면 전혀 맛있게 느껴지지 않을 거예요. 또 아무리 달콤하고 맛있는 냄새가 나는 음식이라도 곰팡이가 핀 것처럼 보이거나 괴상한 모양을 하고 있다면 먹기 꺼려지겠지요. 음식에서 나는 냄새와 음식의 모양은 맛을 평가하는 데 아주 큰 역할을 해요. 실제로 코를 막아 냄새를 맡지 못하게 되면 음식 맛을 제대로 볼 수 없답니다.

뇌는 맛봉오리로 느낀 맛과 코로 느낀 향, 그리고 눈으로 본 생김새까지 여러 정보를 종합해 맛을 판단합니다. 뇌는 과거의 기억을 이용해 맛을 떠올리기도 해요. 예를 들어, 레몬을 보거나 레몬 향을 맡기만 해도 신맛이 떠올라 입에 침이 고이지요. 만약 어떤 음식을 처음 맛본다면 다음에 언제든 그 맛을 다시 떠올릴 수 있도록 뇌는 기억을 잘 저장해 둔답니다.

  후각은 10살 정도에 가장 예민하고 나이가 들수록 둔해진다고 해요.

전에 먹어 본 적 없는 새파란 밥은
맛이 이상할 것처럼 느껴져요.

레몬을 먹어 본 적이 있다면 사진만 봐도
신맛이 떠올라 침이 저절로 분비돼요.

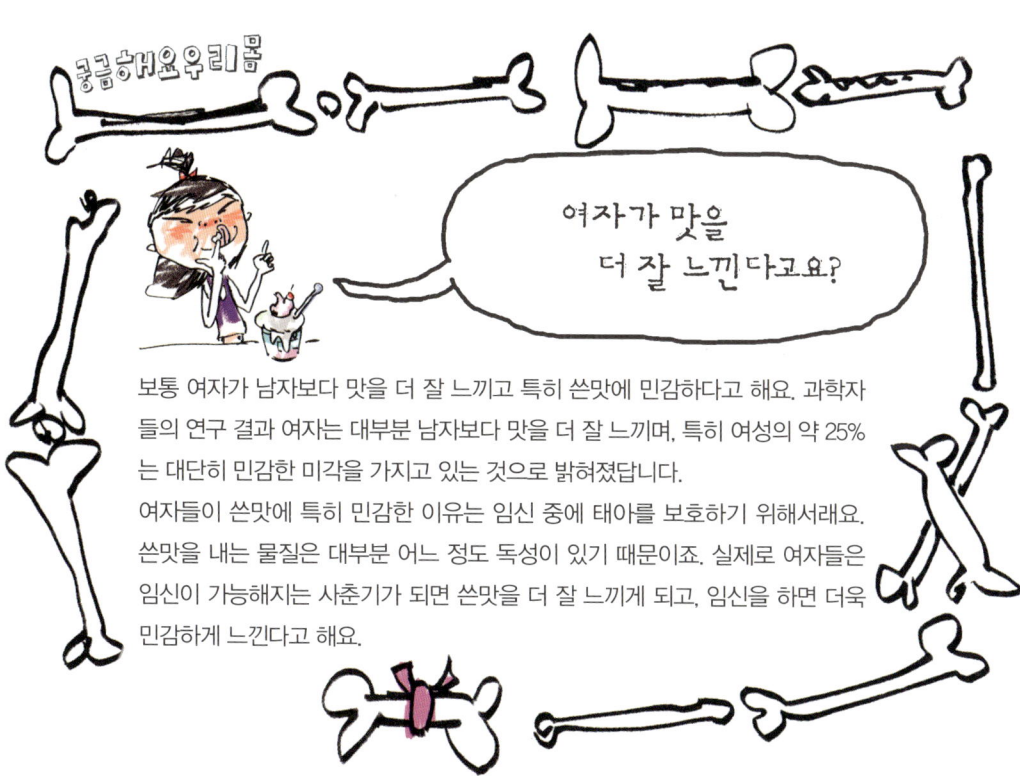

여자가 맛을 더 잘 느낀다고요?

보통 여자가 남자보다 맛을 더 잘 느끼고 특히 쓴맛에 민감하다고 해요. 과학자들의 연구 결과 여자는 대부분 남자보다 맛을 더 잘 느끼며, 특히 여성의 약 25%는 대단히 민감한 미각을 가지고 있는 것으로 밝혀졌답니다.

여자들이 쓴맛에 특히 민감한 이유는 임신 중에 태아를 보호하기 위해서래요. 쓴맛을 내는 물질은 대부분 어느 정도 독성이 있기 때문이죠. 실제로 여자들은 임신이 가능해지는 사춘기가 되면 쓴맛을 더 잘 느끼게 되고, 임신을 하면 더욱 민감하게 느낀다고 해요.

피부도 감각 기관이라고요?

감각이라고 하면 시각이나 청각, 후각을 먼저 떠올리겠지만, 그에 못지 않게 중요한 감각은 피부감각이에요. 피부에는 감각을 느끼는 '감각수용기'가 있어요. 감각수용기는 감각을 느끼면 이를 전기신호로 바꿔 뇌로 전달하는 세포지요. 피부에는 따뜻함과 차가움, 압력과 아픔을 느끼는 감각수용기가 있어요.

몸의 부위마다 감각수용기의 수가 다르기 때문에 감각을 느끼는 정도가 달라요. 예를 들면, 등보다 손에 감각수용기가 더 많아서 감각을 예민하게 느낄 수 있지요. 피부가 느끼는 감각 중 가장 중요한 것은 바로 아픔일 거예요. 아픔을 못 느끼면 좋을 거라 생각할지 모르지만 아프지 않다면 우리는 위험을 피할 수 없지요. 가시에 찔렸을 때 아프기 때문에 가시에서 얼른 손을 뗄 수 있는 거예요. 아픔을 느끼는 감각수용기는 피부뿐만 아니라 근육이나 뼈, 장기에도 있어서 몸 안쪽의 이상도 느낄 수 있어요.

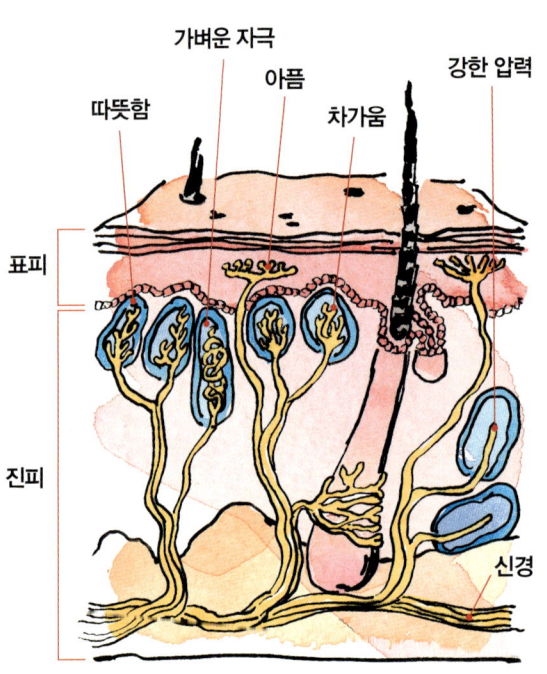

〈피부의 감각수용기〉

그런데 심하게 다쳤을 때 잠시 동안 아픔을 느끼지 못하는 경우가 있어요. 뇌가 몇 분 동안 아픔을 없애는 화학 물질을 내보내기 때문이지요. 이 화학 물질은 우리가 아픔을 잊고 얼른 아픔을 주는 상황이나 현장을 벗어날 수 있게 도와준답니다.

플러스 인체 상식

'엄마 손은 약손'이라는 말이 있죠? 엄마가 손으로 아픈 곳을 만져 주면 피부 접촉에 의한 자극이 관절이나 근육의 통증보다 먼저 뇌에 도달해서 덜 아프게 느껴진답니다.

궁금해요 우리 몸

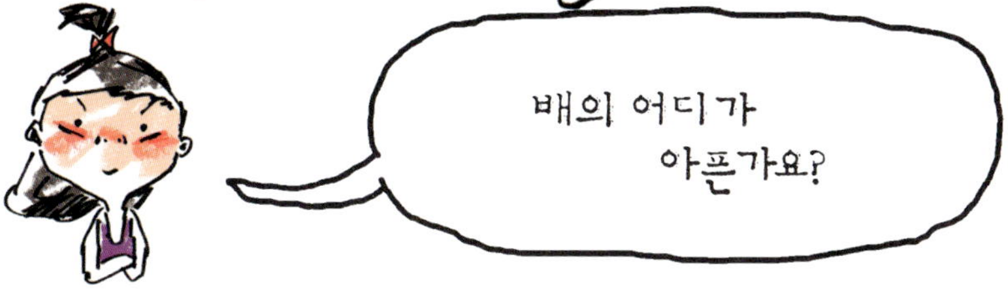

배의 어디가 아픈가요?

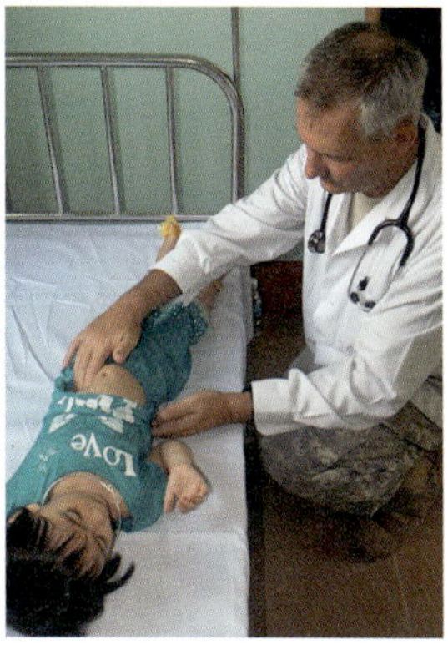

피부가 핀에 찔려서 아플 때는 정확하게 어디가 어떻게 아픈지 알 수 있어요. 하지만 배가 아플 때는 정확하게 어디가 아프다고 말하기 힘들어요. 왜냐하면 내장에 분포되어 있는 감각수용기는 피부의 50분의 1 정도밖에 되지 않기 때문이랍니다. 내장은 넓은 부위에 자극이 가해져야 비로소 아픔이 느껴지므로 아픈 부위를 정확히 알 수 없는 것이죠.

아픔을 느끼지 못하는 장기도 있어요. 폐나 간, 콩팥 같은 장기는 아픔을 느끼지 못해요. 그래서 병이 생겨도 아프지 않으므로 병을 발견하기 어렵답니다.

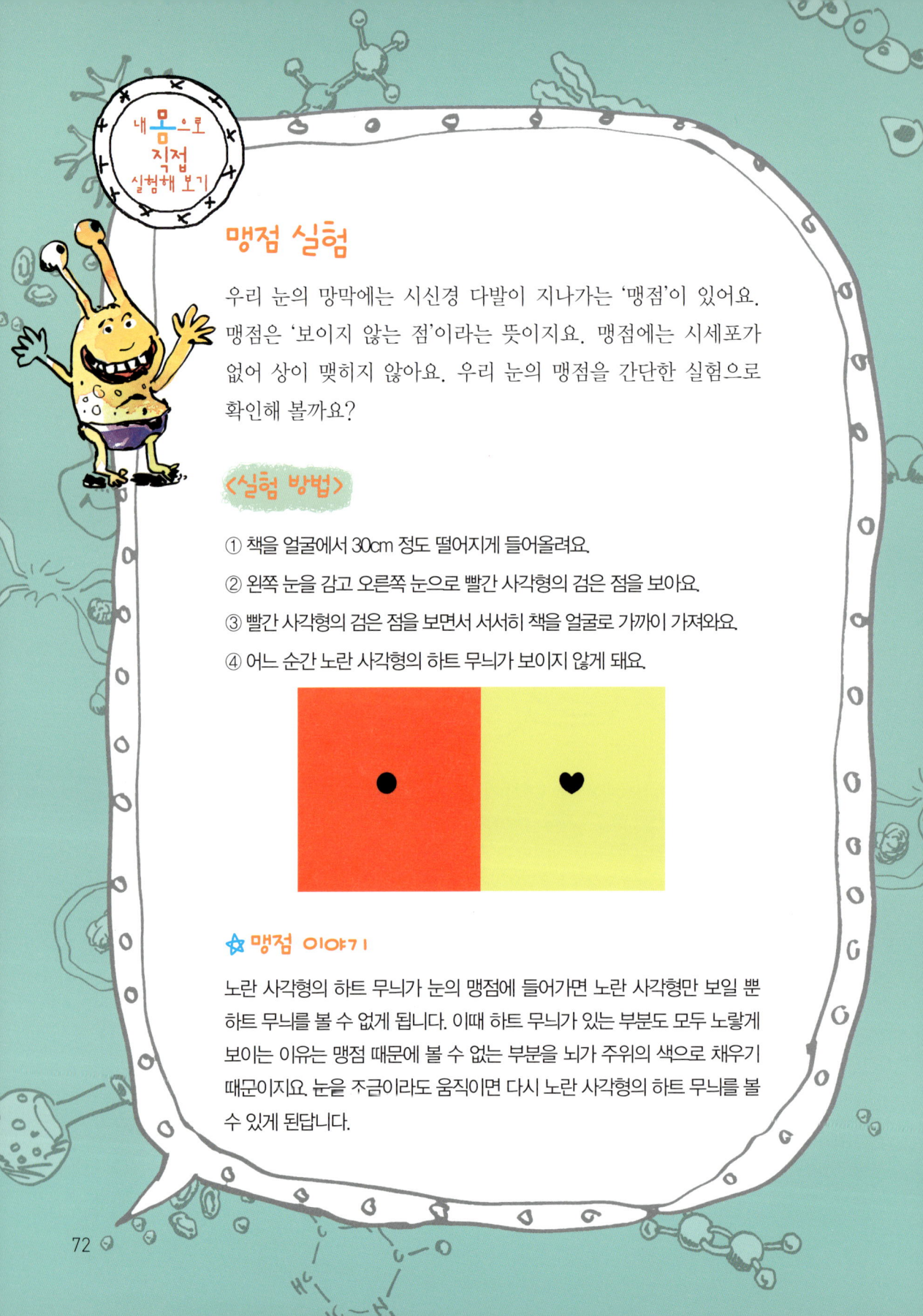

맹점 실험

우리 눈의 망막에는 시신경 다발이 지나가는 '맹점'이 있어요. 맹점은 '보이지 않는 점'이라는 뜻이지요. 맹점에는 시세포가 없어 상이 맺히지 않아요. 우리 눈의 맹점을 간단한 실험으로 확인해 볼까요?

<실험 방법>

① 책을 얼굴에서 30cm 정도 떨어지게 들어올려요.
② 왼쪽 눈을 감고 오른쪽 눈으로 빨간 사각형의 검은 점을 보아요.
③ 빨간 사각형의 검은 점을 보면서 서서히 책을 얼굴로 가까이 가져와요.
④ 어느 순간 노란 사각형의 하트 무늬가 보이지 않게 돼요.

☆ 맹점 이야기

노란 사각형의 하트 무늬가 눈의 맹점에 들어가면 노란 사각형만 보일 뿐 하트 무늬를 볼 수 없게 됩니다. 이때 하트 무늬가 있는 부분도 모두 노랗게 보이는 이유는 맹점 때문에 볼 수 없는 부분을 뇌가 주위의 색으로 채우기 때문이지요. 눈을 조금이라도 움직이면 다시 노란 사각형의 하트 무늬를 볼 수 있게 된답니다.

착시 실험

우리 눈이 일으키는 착각을 '착시'라고 합니다. 착시를 일으키는 그림을 직접 보면서 눈의 착각을 직접 느껴 봐요.

<실험 방법>

① 그림의 둥근 점은 모두 흰색이지만 검은 점이 있는 것으로 착각하게 돼요.

② 그림을 보면서 머리를 앞뒤로 움직이면 원 안의 무늬들이 빙글빙글 도는 것처럼 보여요.

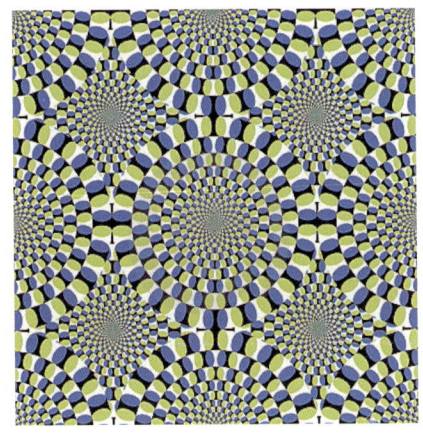

☆ 착시 이야기

착시가 일어나는 이유는 우리가 사물을 볼 때 눈뿐만 아니라 뇌로도 보기 때문이에요. 눈으로 본 것을 뇌가 나름대로 판단하기 때문에 보이는 그대로가 아니라 본 것을 판단한 대로 믿게 되는 것이랍니다.

4장

신경계

우리 몸의 우두머리, 뇌

뇌는 우리 몸의 움직임과 생각, 감정을 통제해요. 뇌는 아주 중요한 기관이기 때문에 두꺼운 머리뼈에 둘러싸여 보호받고 있지요. 호두처럼 주름진 뇌는 말랑말랑한 젤리만큼 약하답니다. 갓 태어난 아기의 뇌는 약 400g이고 어른의 뇌는 약 1,400g이에요.

뇌는 대뇌와 중뇌, 소뇌, 연수 등 서로 다른 일을 맡아서 하는 여러 부분으로 이루어져 있어요. 또 같은 대뇌라도 생각을 담당하는 부분과 말을 담당하는 부분이 다르지요.

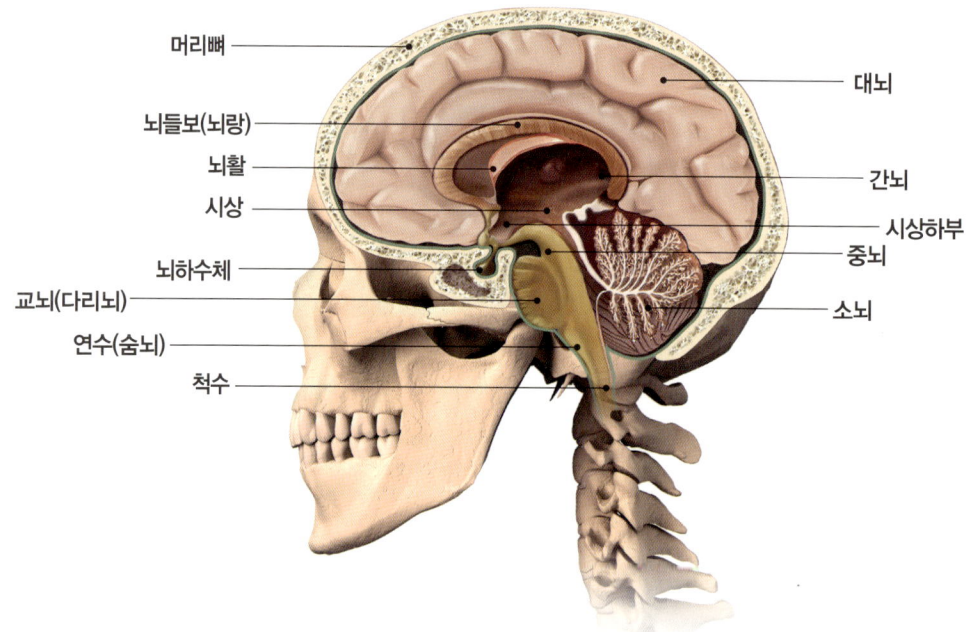

〈뇌의 구조〉

뇌는 크게 좌뇌와 우뇌로 나누어져 있는데, 신기하게도 좌뇌는 우리 몸의 오른쪽 부분을, 우뇌는 우리 몸의 왼쪽 부분을 담당하고 있어요. 하지만 왜 그런 것인지는 아직 정확하게 밝혀지지 않았답니다.

뇌는 매 순간마다 다양한 것을 기억해 내고 다시 판단하는 것은 물론 새로운 기억을 저장해요. 또한 다양한 감각을 느끼고 몸의 움직임을 조절하는 등 여러 가지 일을 동시에 처리하고 있지요. 우리의 뇌는 세상의 그 어떤 컴퓨터보다 뛰어나답니다.

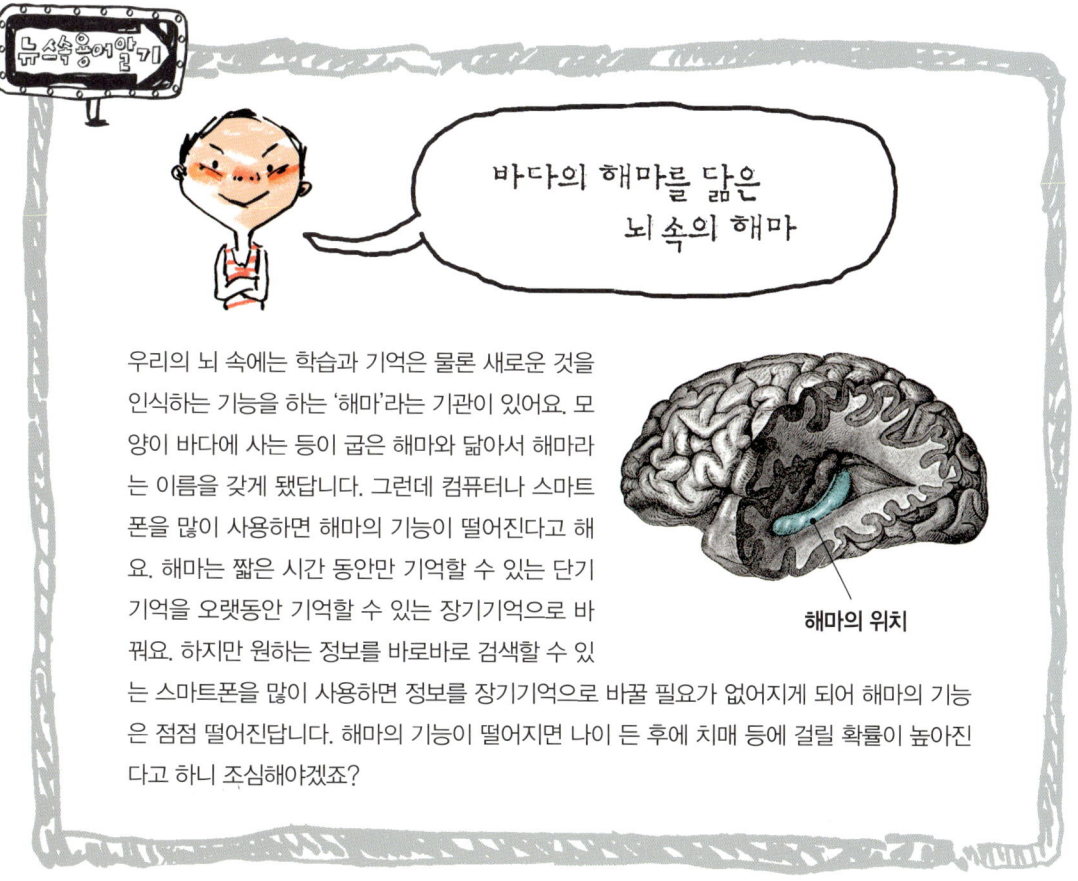

바다의 해마를 닮은 뇌 속의 해마

우리의 뇌 속에는 학습과 기억은 물론 새로운 것을 인식하는 기능을 하는 '해마'라는 기관이 있어요. 모양이 바다에 사는 등이 굽은 해마와 닮아서 해마라는 이름을 갖게 됐답니다. 그런데 컴퓨터나 스마트폰을 많이 사용하면 해마의 기능이 떨어진다고 해요. 해마는 짧은 시간 동안만 기억할 수 있는 단기기억을 오랫동안 기억할 수 있는 장기기억으로 바꿔요. 하지만 원하는 정보를 바로바로 검색할 수 있는 스마트폰을 많이 사용하면 정보를 장기기억으로 바꿀 필요가 없어지게 되어 해마의 기능은 점점 떨어진답니다. 해마의 기능이 떨어지면 나이 든 후에 치매 등에 걸릴 확률이 높아진다고 하니 조심해야겠죠?

해마의 위치

 시속 430km, 놀라운 뉴런

뇌를 비롯해 온몸에 퍼져 있는 신경들을 '신경계'라고 해요. 우리는 신경계 덕분에 우리 몸에서 일어나는 일은 물론 주위에서 일어나는 일도 알 수 있어요. 또 신경계를 통해 우리 몸에 어떤 일을 할지 명령을 내릴 수 있지요.

신경계는 모두 신경세포로 이루어져 있는데, 신경세포를 '뉴런'이라고 불러요. 뉴런은 세 가지 종류가 있어요. 감각기관에서 받아들인 정보를 뇌로 전달하는 감각뉴런과 뇌에서 근육으로 내린 명령을 전달하는 운동뉴런, 그리고 정보를 처리하고 서로 정보를 전달하는 연합뉴런이 있지요. 연합뉴런은 머릿속의 뇌와 척추 안의 척수에만 있답니다.

우리 몸에는 900억 개가 넘는 뉴런이 있어요. 척수에서 발가락까지 이어진 뉴런은 1m를 넘을 정도로 길지요. 이렇게 긴 뉴런이지만 신경신호는 매우 빠른 속도로 전달돼요. 신경신호가 전달되는 최고 속도는 놀랍게도 시속 430km나 되지요. 그 덕분에 우리가 어떤 사람의 얼굴을 보고 친구인지 아닌지를 판단하여 손을 흔들기까지의 과정은 1초도 걸리지 않는답니다.

뇌를 컴퓨터로 치면 1초 동안 2경 번 계산할 수 있을 정도로 빠른 컴퓨터라고 해요.

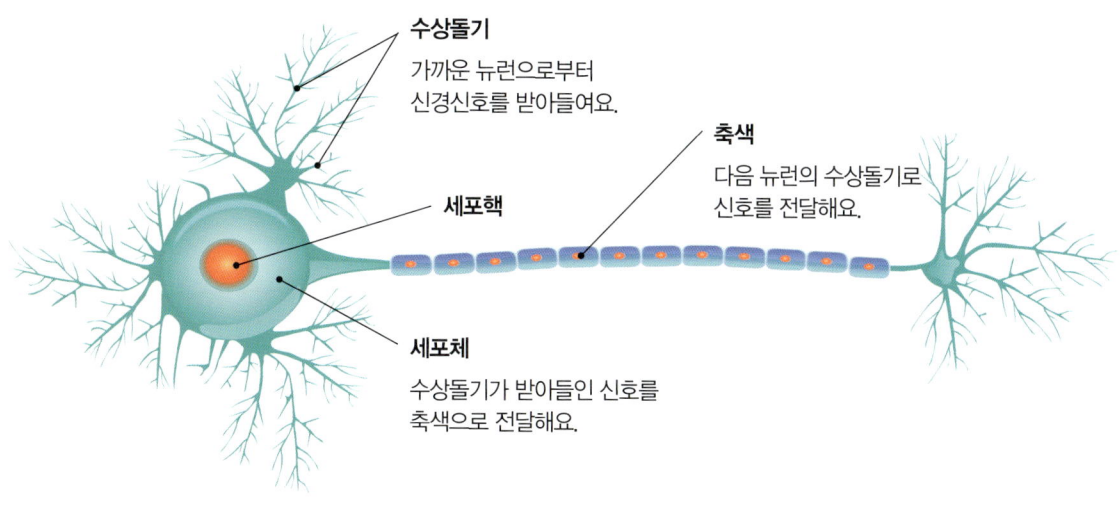

〈뉴런의 구조〉

 뇌사와 식물인간은 다른가요?

　뉴스에서 불의의 사고로 뇌사 판정을 받은 사람이 간과 콩팥 등 장기를 기증했다는 뉴스를 본 적 있나요? 뇌사는 말 그대로 뇌가 죽었다는 말이에요. 그렇다면 뇌는 죽었는데 사람은 죽지 않을 수도 있다는 것일까요?

　우리 몸의 모든 것을 통제하는 뇌가 죽으면 우리도 죽게 됩니다. 그런데 뇌가 정상적인 기능을 못하고 회복될 수도 없지만 기계의 도움으로 심장이 뛰고 호흡하는 등 장기는 살아 있는 상태를 뇌사라고 말해요. 다시 말하면, 기계의 도움 없이는 심장도 뛸 수 없고 호흡도 할 수 없지요. 뇌사 상태인 환자에게서 생명을 연장하는 기계 장치를 떼는 것을 '무의미한 연명치료 중지'라고 하는데, 이럴 경우 장기를 다른 사람에게 기증해서 생명을 살릴 수 있어요. 환자 본인이 생전에 장기 기증 서약을 했을 경우 또는 뇌사에 빠진 환자의 가족이 대신 장기 기증을 결정했을 경우 기증이 이루어지지요.

　그런데 뇌사 상태를 사실상 사망으로 인정하느냐에 대해서는 다양한 의견이 있어요. 그래서 나라마다 뇌사에 대해 다른 기준을 가지고 있지요. 우리나라 의사협회에서는 뇌사를 사망으로 인정하기는 하지만 아직 법으로 정해진 것은 없어요. 의료법으로는 심장이 멈추고 호흡이 중지된 상태를 사망으로 인정하고 있답니다.

　많은 사람들이 뇌사와 식물인간을 혼동해요. 하지만 뇌사와 식물인간은 전혀 달라요. 식물인간은 인지 기능을 담당하는 대뇌를 다친 거예요.

그래서 느끼고 판단하고 행동하는 일은 할 수 없지만 무의식적인 반사 반응이나 위장 운동, 호흡과 심장 운동은 할 수 있어요. 기계의 도움 없이 호흡과 심장 운동을 할 수 없는 뇌사와는 다른 상태랍니다.

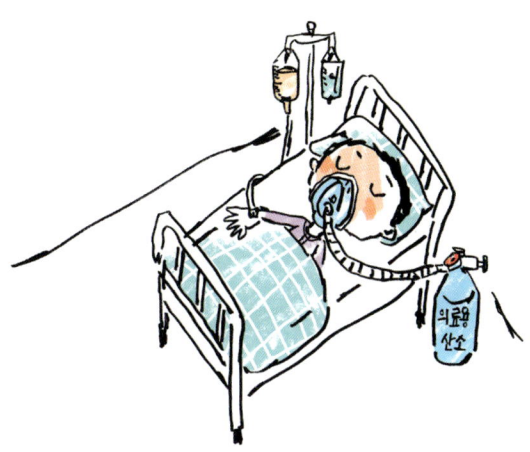

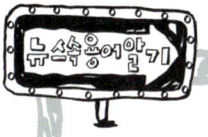

소극적인 안락사와 적극적인 안락사

안락사는 회복이 불가능하며 죽음이 가까운 환자를 고통으로부터 해방시켜 안락하게 죽게 하는 일을 말해요. 안락사는 소극적인 안락사와 적극적인 안락사로 나눌 수 있지요. 소극적인 안락사는 호흡기를 떼거나 치료를 중단해서 사망에 이르게 하는 것을 말해요. 적극적인 안락사는 환자가 죽음에 이를 수 있도록 의사가 약물 등으로 도움을 주는 것을 말하지요.

네덜란드는 2001년, 세계 최초로 안락사를 법적으로 허용하는 나라가 되었어요. 프랑스에는 환자가 치료 중단을 요청할 수 있는 '인생의 마지막에 대한 법'이 있고, 영국에서는 환자들이 소송을 통해 안락사에 대한 허가를 받도록 되어 있지요.

우리나라의 경우 안락사는 법적으로 금지되어 있지만 뇌사자의 기계 장치를 떼는 '무의미한 연명치료 중지'는 사실상 인정되고 있어요. 그리고 안락사에 대한 명확한 법을 만들기 위한 논의가 계속되고 있답니다.

생명에 대한 존중과 존엄한 죽음을 택할 권리 등 다양한 논란이 얽힌 문제이므로 안락사에 대해서는 신중한 접근이 필요하답니다.

치매는 왜 걸려요?

드라마나 영화를 보면 치매에 걸려 집으로 가는 길을 잊어버리거나 사랑하는 가족도 알아보지 못하는 등장인물이 나와요. 치매는 도대체 어떤 병이기에 모든 것을 잊어버리게 되는 걸까요?

치매는 기억력이나 말을 하는 능력이 아주 떨어져서 정상적으로 생활하기 힘든 상태를 일컫는 말이에요. 무엇이든 잘 잊어버리게 되는 것은 물론 집을 찾거나 간단한 계산을 하는 일도 어려워집니다. 친구와 가족들의 얼굴이나 이름도 잊게 되지요. 모두 대뇌가 제기능을 하지 못해서 일어나는 일이에요.

치매는 주로 '알츠하이머'라는 병 때문에 생겨요. 알츠하이머에 걸리면 대뇌 중에서도 기억이나 언어를 담당하는 부분이 쪼그라들어서 망가져 버려요. 그래서 점점 기억력이 떨어지다가 나중에는 혼수상태에 빠지게 되지요.

알츠하이머는 대부분 65세 이후에 나타나지만 드물게는 40대나 50대에 걸리는 경우도 있다고 해요. 아직까지는 알츠하이머에 걸리는 명확한 원인이나 치료법이 밝혀지지 않았어요. 하지만 빨리 진단하고 적절한 약을 먹으면 병이 천천히 진행되도록 할 수 있답니다. 또 평소 채소와 생선, 견과류를 많이 먹고 붉은 육류와 버터를 적게 먹으면 알츠하이머에 걸릴 위험을 크게 낮출 수 있다고 해요.

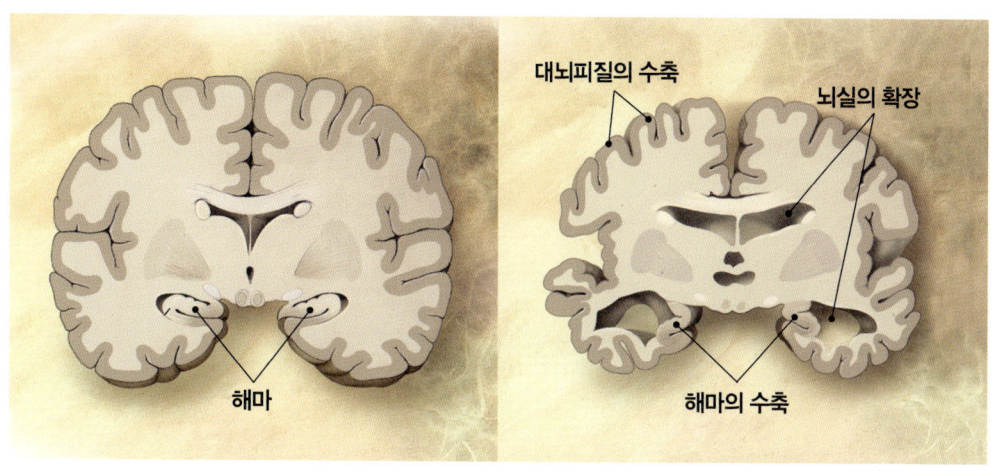

| 대뇌피질의 수축 | 뇌실의 확장 |

해마 해마의 수축

〈건강한 뇌〉　　〈치매 상태의 뇌〉

궁금해요 우리몸

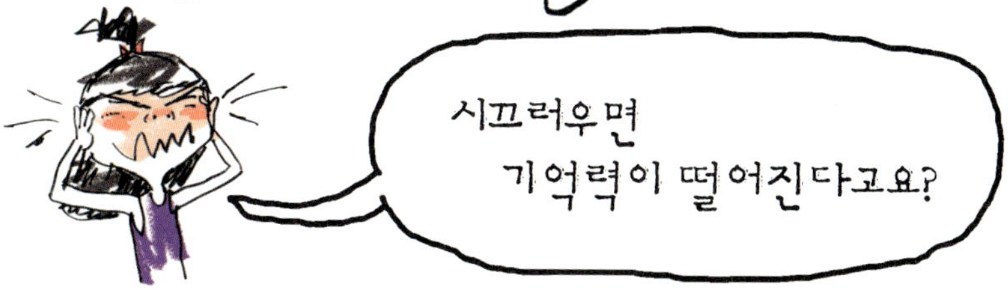

시끄러우면 기억력이 떨어진다고요?

소음이 주의력과 기억력을 떨어뜨린다는 연구 결과가 나왔어요. 소음이 학생들의 학습 능력에 미치는 영향을 확인하는 실험을 했더니, 소음이 65dB(데시벨) 이상이 되자 소리에 대한 반응 속도, 주의력, 기억력 등이 5~15% 떨어지는 것으로 나타났어요. 65dB은 일상적인 대화를 나눌 때 들리는 소리의 크기예요. 또 소음이 65dB까지는 시끄러워도 집중하려는 노력을 보였지만 그 이상의 소음에서는 집중하려는 노력조차 하기 힘들었다고 해요. 기억력을 좋게 하려면 먼저 소음부터 피해야겠어요.

소음측정기

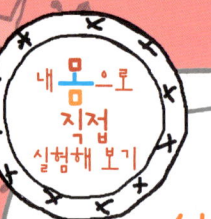
내 몸으로 직접 실험해 보기

속는 뇌, 속이는 뇌

뇌는 무척 뛰어난 컴퓨터지만 간단한 방법으로 속일 수 있어요. 반대로 뇌가 우리를 속이기도 하지요. 우리는 뇌에 어떻게 속고 있는 건지, 또 어떻게 뇌를 속일 수 있는지 지금 바로 실험해 볼까요?

☆ 속는 뇌 실험

① 집게손가락과 가운데손가락을 꼬아 보세요.

② 꼰 두 손가락의 끝으로 동시에 코를 만져 보세요. 어떻게 느껴지나요?

③ 두 손가락 끝으로 여러 가지 물체를 만져 보세요. 어떻게 느껴지나요?

☆ 촉각 착각

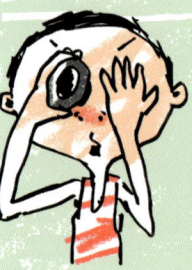

손가락을 꼰 채 손가락 끝으로 코나 물체를 만지면 코나 물체가 마치 두 개처럼 느껴집니다. 평상시에는 뇌가 손가락을 꼰 상태에서 느껴지는 감각을 받아들인 적이 없기 때문에 착각을 일으켜 마치 떨어져 있는 두 물체를 만지는 것처럼 느끼는 것이죠. 비슷한 실험으로 종이를 말아 한쪽 눈에 대고 말린 종이 옆에 손바닥을 댄 후 양쪽 눈으로 손바닥을 보면 두 눈이 본 시각이 합쳐져 손바닥에 구멍이 뚫린 것처럼 보이기도 해요. 이것 역시 뇌가 착각을 일으킨 것이랍니다.

✪ 속이는 뇌 실험

'징글벨' 노래 가사를 먼저 떠올려 보세요. 그런 다음, 아래 문장을 빠르게 읽어 보세요.

흰눈 사이로 썰매를 타고

달리는 기분 상쾌도 하다

종이 울려서 장난 맞추니

흥겨워서 소리 높여 노래 부르자

종소리 울려라 종소리 울려

우리 썰매 빨리 달려 종소리 울려라

종소리 울려라 종소리 울려

기쁜 노래 무르면서 빨리 달리자

✪ 뇌의 착각

무엇이 잘못됐는지 찾았나요? '장난 맞추니'가 아니라 '장단 맞추니', '무르면서'가 아니라 '부르면서'가 맞아요. 하지만 잘못된 글자를 맞는 글자로 생각하고 읽은 친구들도 있었을 거예요. 우리 뇌가 잘못된 글자를 무시하고 평소 알던 노래 가사대로 판단하려고 하기 때문에 잘못된 글자를 놓치고 마는 거랍니다.

5장

호흡과 순환
그리고 면역

# 후하후하, 숨은 어떻게 쉬어요?

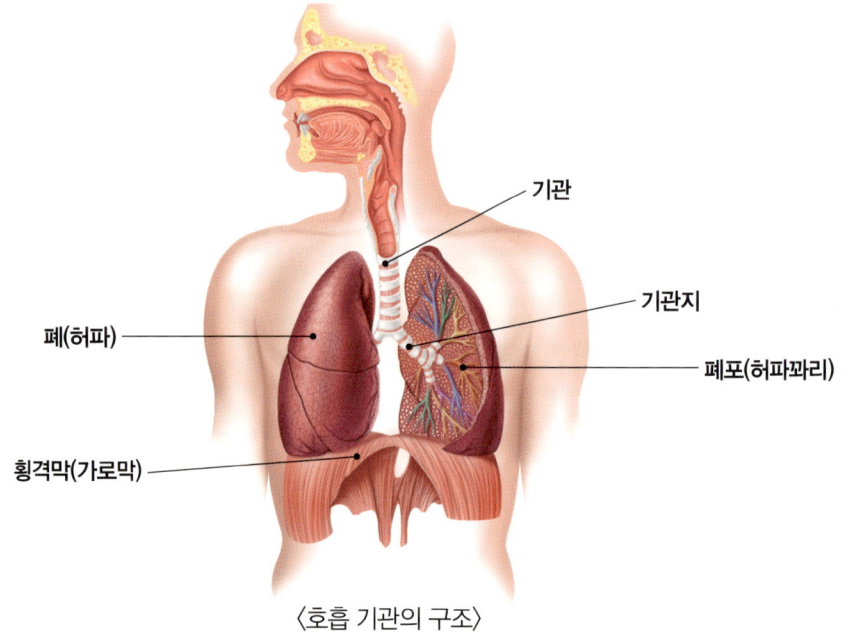

〈호흡 기관의 구조〉

　숨을 쉬는 이유는 우리 몸을 이루고 있는 세포에 산소를 전달하기 위해서예요. 세포에 필요한 에너지를 얻기 위해서는 산소가 꼭 필요하거든요. 또 세포가 에너지를 만들고 나면 이산화탄소가 생기는데, 이산화탄소는 몸 밖으로 내보내야 하지요. 우리는 숨쉬기를 통해 공기 중의 산소를 혈액으로 보내 온몸의 세포로 배달할 수 있고, 세포에서 나온 이산화탄소를 밖으로 내보낼 수도 있답니다.

　우리가 숨을 들이쉬면 공기가 코나 입을 통해 우리 몸으로 들어와 기관을 지나 폐로 들어옵니다. 폐 안에는 모세혈관이 퍼져 있는 폐포가 있는데, 여기서 산소를 받아들이고 이산화탄소는 내보내게 되지요. 그런 다음 이산화탄소는 내쉬는 숨을 통해 몸 밖으로 나간답니다.

숨을 들이마실 때는 폐가 부풀어 올라요. 이때 폐는 스스로 움직이는 것이 아니라 갈비뼈의 근육들이 가슴을 바깥쪽으로 밀고, 폐 아래의 횡격막이 내려가면서 폐를 부풀게 해요. 반대로 숨을 내쉴 때는 폐가 작아지는데, 갈비뼈의 근육이 가슴을 당기고, 횡격막은 위로 올라가서 폐를 줄어들게 한답니다.

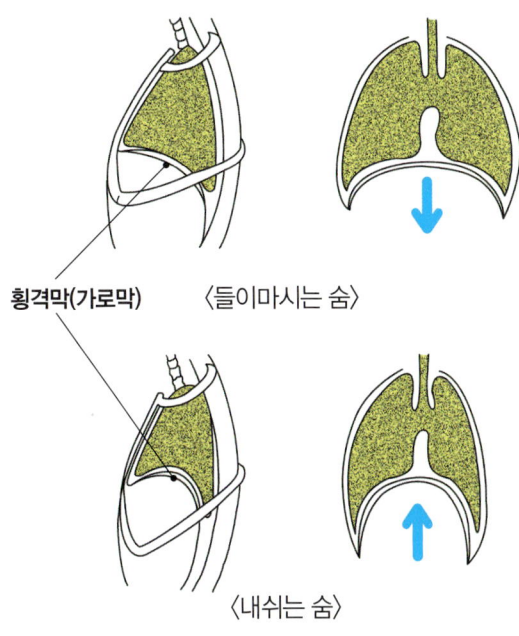

횡격막(가로막)
〈들이마시는 숨〉
〈내쉬는 숨〉

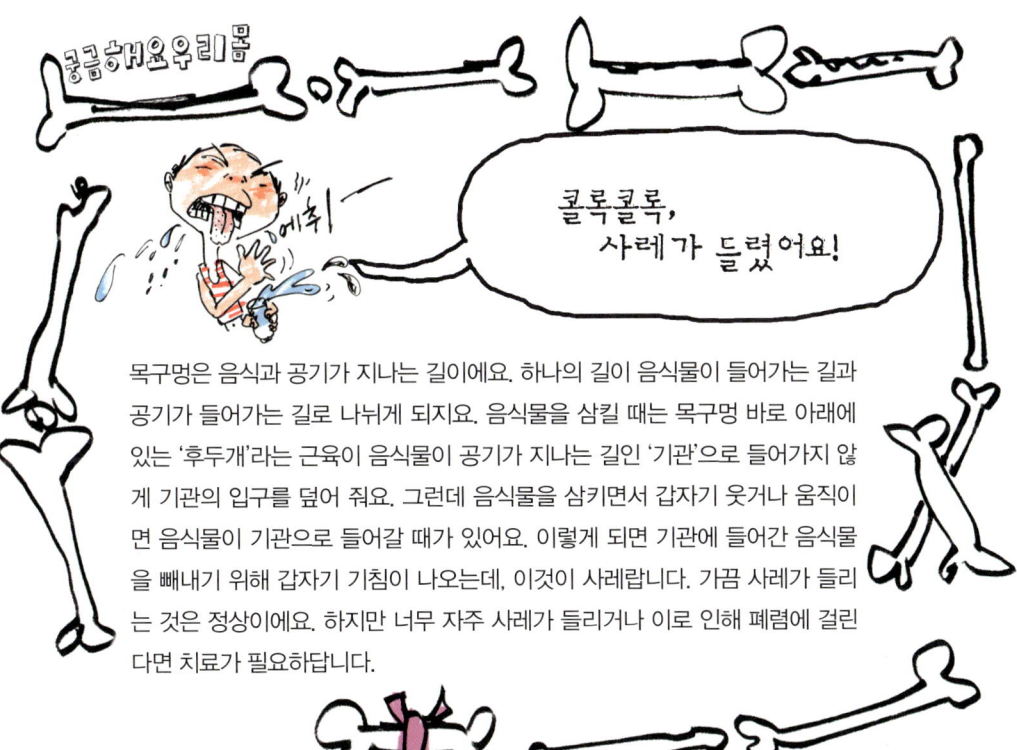

콜록콜록, 사레가 들렸어요!

목구멍은 음식과 공기가 지나는 길이에요. 하나의 길이 음식물이 들어가는 길과 공기가 들어가는 길로 나뉘게 되지요. 음식물을 삼킬 때는 목구멍 바로 아래에 있는 '후두개'라는 근육이 음식물이 공기가 지나는 길인 '기관'으로 들어가지 않게 기관의 입구를 덮어 줘요. 그런데 음식물을 삼키면서 갑자기 웃거나 움직이면 음식물이 기관으로 들어갈 때가 있어요. 이렇게 되면 기관에 들어간 음식물을 빼내기 위해 갑자기 기침이 나오는데, 이것이 사레랍니다. 가끔 사레가 들리는 것은 정상이에요. 하지만 너무 자주 사레가 들리거나 이로 인해 폐렴에 걸린다면 치료가 필요하답니다.

 # 하품과 딸꾹질은 왜 나올까요?

재미없고 지루한 시간엔 어김없이 하품이 나와요. 하품을 할 때 입을 크게 벌리면 위턱과 아래턱을 연결하는 근육이 자극되면서 순간적으로 정신이 드는 효과가 있다고 해요. 또 숨을 깊이 들이마시면 더 많은 산소가 폐로 들어가게 되지요. 최근 발표된 연구 결과에 따르면 하품을 할 때 코 옆에 있는 근육이 수축하면서 뇌의 온도가 떨어져 정신이 맑아진다고도 해요.

특별히 졸리거나 피곤하지 않아도 옆 사람이 하품을 할 때 따라 하는 경우도 있어요. 하품이 전염되는 것이죠. 하품이 왜 전염되는 것인지는 아직 과학적으로 명확히 밝혀지지 않았답니다.

하품처럼 나도 모르게 하게 되는 것이 하나 더 있어요. 바로 딸꾹질이지요. 딸꾹질은 왜 일어날까요? 허겁지겁 음식을 먹거나 갑자기 체온이 변하면 횡격막이 자극을 받아 경련을 일으켜요. 그러면 들이쉬는 숨이 방해를 받아 목구멍에서 이상한 소리가 나는데, 이것이 딸꾹질이랍니다. 딸꾹질을 멈추려면 잠시 숨을 참거나 물을 마셔 보세요. 꿀을 한 숟가락 먹거나 코를 간질여 재채기를 하는 방법도 있답니다.

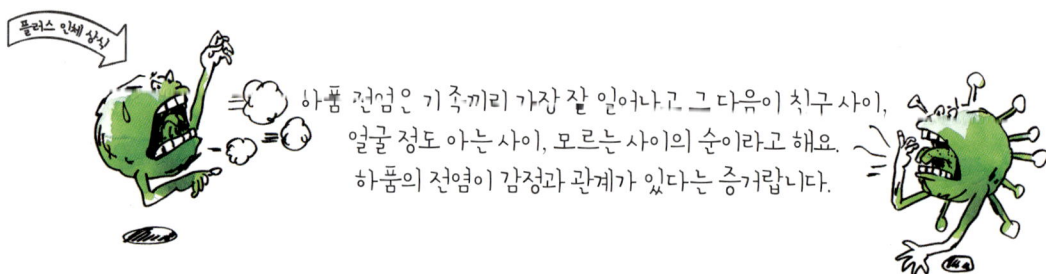

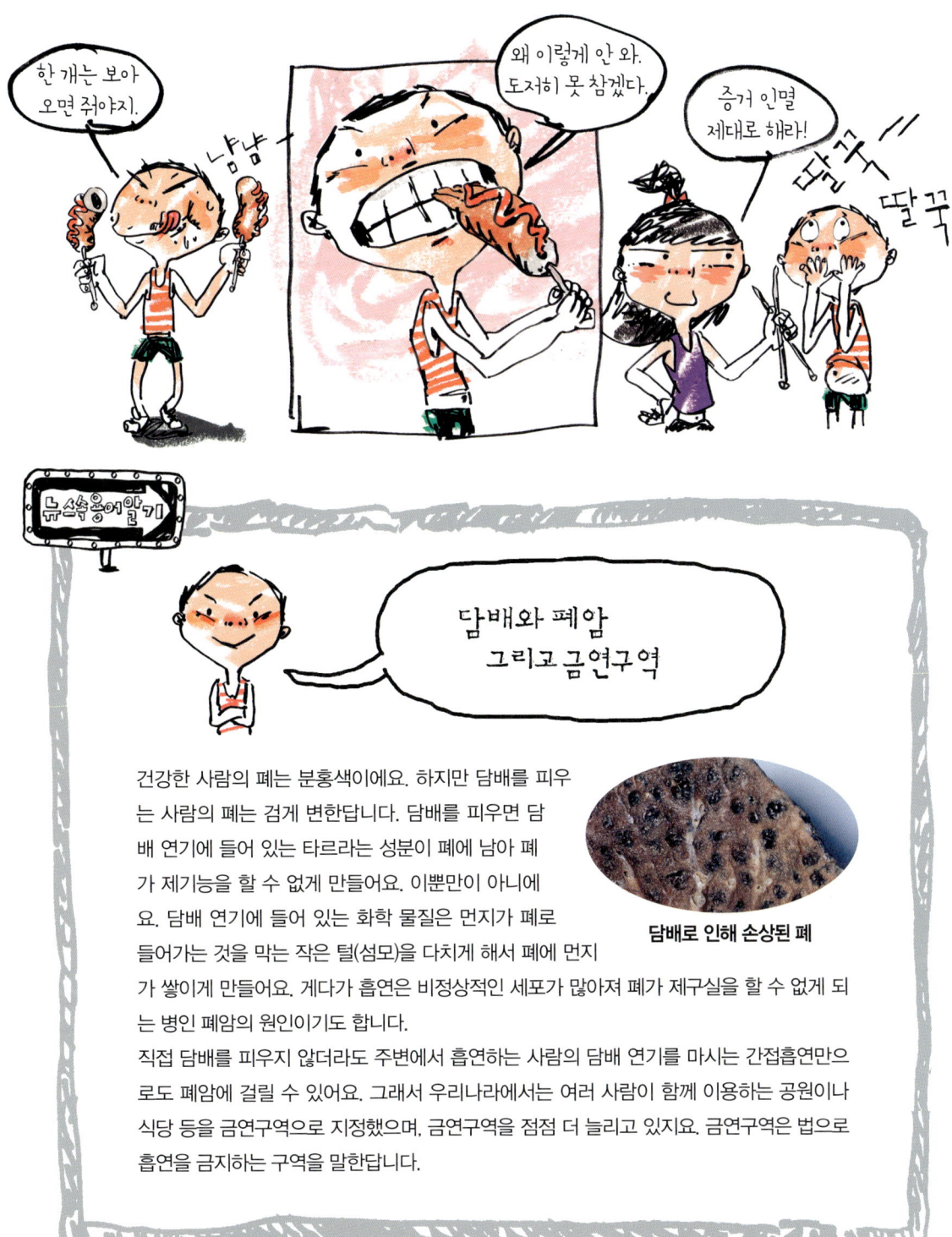

담배와 폐암 그리고 금연구역

건강한 사람의 폐는 분홍색이에요. 하지만 담배를 피우는 사람의 폐는 검게 변한답니다. 담배를 피우면 담배 연기에 들어 있는 타르라는 성분이 폐에 남아 폐가 제기능을 할 수 없게 만들어요. 이뿐만이 아니에요. 담배 연기에 들어 있는 화학 물질은 먼지가 폐로 들어가는 것을 막는 작은 털(섬모)을 다치게 해서 폐에 먼지가 쌓이게 만들어요. 게다가 흡연은 비정상적인 세포가 많아져 폐가 제구실을 할 수 없게 되는 병인 폐암의 원인이기도 합니다.

담배로 인해 손상된 폐

직접 담배를 피우지 않더라도 주변에서 흡연하는 사람의 담배 연기를 마시는 간접흡연만으로도 폐암에 걸릴 수 있어요. 그래서 우리나라에서는 여러 사람이 함께 이용하는 공원이나 식당 등을 금연구역으로 지정했으며, 금연구역을 점점 더 늘리고 있지요. 금연구역은 법으로 흡연을 금지하는 구역을 말한답니다.

기침과 재채기는 어떻게 달라요?

콜록콜록 기침과 에취 재채기는 비슷하면서도 달라요. 기침과 재채기는 모두 몸 안으로 들어온 자극적이거나 해로운 물질을 몸 밖으로 내보내려는 보호 작용이지요.

하지만 기침과 재채기는 자극을 받는 부위가 다르답니다. 기침은 후두를 포함한 기도가 자극을 받으면 반사적으로 나오는 것을 말해요. 재채기는 코의 점막이 자극을 받아 일어나지요. 기침을 하면 목의 공기가 빠르게 나오면서 연기나 먼지, 이물질, 가래 등이 밖으로 나오게 돼요. 반면 재채기를 하면 콧속의 공기가 순간적으로 나오면서 코에 들어온 자극 물질이 빠져나오게 된답니다.

보통 감기에 걸리면 기침을 하는데, 기침 자체를 병으로 보지는 않아요. 하지만 기침을 3주 이상 하거나 기침에 색이 이상한 가래나 피가 섞여 나올 때, 기침을 하면서 숨 쉬기 힘들거나 숨을 쉴 때 소리가 나는 경우에는 병원에 가 봐야 합니다.

재채기를 너무 자주 하는 것도 몸의 이상이 있다는 신호일 수 있어요. 재채기가 자주 나면서 콧물이 많이 나오거나 코가 막히는 증상이 있다면 비염일 수 있으니 꼭 병원에 가서 진찰을 받도록 하세요.

재채기를 할 때는 누구나 눈을 질끈 감게 된답니다.

감기 바이러스, 기침으로 이사 가요!

감기는 바이러스 때문에 걸려요. 감기 바이러스가 자손을 남기면서 계속 살아가기 위해서는 다른 사람의 몸으로 이동을 해야 하지요. 이동을 하기 위해 바이러스가 선택한 방법은 바로 기침이랍니다. 감기 바이러스는 감기가 걸린 사람에게 기침을 하게 만들어요. 기침을 할 때 콧물과 함께 감기 바이러스가 공기 중으로 나오게 되지요. 이 공기를 다른 사람이 들이마시면 감기 바이러스가 옮게 되는 것이랍니다. 그러니 감기에 걸렸을 때는 외출할 경우 마스크를 쓰는 게 좋겠죠?

목소리는 어디서 나와요?

우리는 매일 가족이나 친구와 대화를 하고, 전화 통화도 하고, 노래도 불러요. 그런데 목소리를 내는 일은 알고 보면 아주 복잡한 일이랍니다. 우리가 목소리를 낼 때는 입술과 이, 혀는 물론 후두와 성대, 인두, 목젖 등을 모두 이용하지요. 이렇게 목소리를 내는 데 이용되는 기관을 '음성 기관'이라고 해요.

아야어여오요우유으이. 목소리를 내 볼까요? 목소리를 낼 때는 폐로 들어갔다가 나오는 내쉬는 숨을 이용합니다. 폐에서 나온 공기가 후두의 아래쪽에 있는 성대라는 주름을 지날 때 성대의 떨림으로 조절되고, 목젖과 혀, 이와 입술 등을 지나면서 소리를 만들어 내지요.

목소리는 사람마다 달라서 목소리만 듣고도 엄마인지 아빠인지 혹은 친구인지를 알아낼 수 있어요. 사람마다 음성 기관의 크기나 모양, 이용 방법 등이 다르기 때문에 목소리도 각자 다른 거예요.

감기에 걸렸을 때는 후두가 부으면서 목소리가 달라지거나 목소리를 내기 힘들어져요. 또 사춘기 때는 성대가 길어지고 두꺼워지면서 목소리가 바뀌는데, 여자보다 남자들의 목소리가 바뀌는 경우가 많답니다.

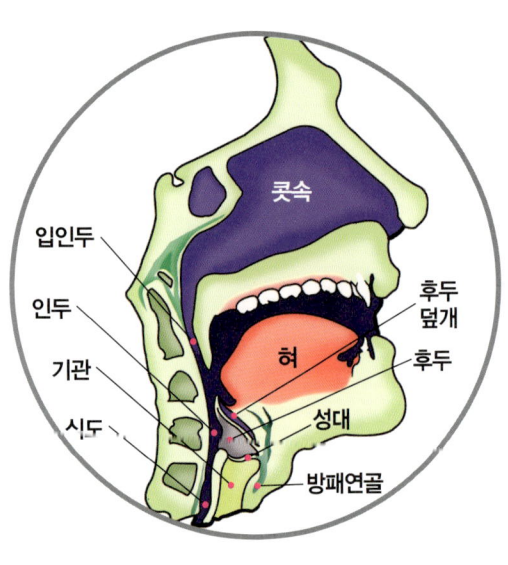

〈음성 기관의 구조〉

성대가 아파요! '성대결절'

가수가 '성대결절'에 걸려 노래를 하기 어렵다는 이야기를 들어 본 적 있죠? 성대결절은 노래를 너무 많이 부르거나 말을 너무 많이 했을 때, 혹은 큰 소리를 많이 내서 성대가 붓는 증상을 말해요. 성대결절에 걸리면 쉰 목소리가 나거나 높은 음을 제대로 내지 못하게 되지요. 성대결절에 걸리면 무엇보다 성대를 쉬게 해야 해요. 가능한 한 목소리를 내지 말고 성대를 촉촉하게 하기 위해 물을 조금씩 자주 마셔야 하지요. 속삭이는 소리 역시 성대에 좋지 않으므로 피해야 해요. 평소에도 성대에 무리가 가지 않도록 자연스럽고 편안하게 말하는 습관을 가져야 한답니다.

낮은 소리를 낼 때보다 높은 소리를 낼 때 목이 더 아픈 이유는 높은 소리를 낼 때 성대가 팽팽해지기 때문이에요.

두근두근 심장이 하는 일

　두근두근 뛰는 심장은 두 개의 폐 사이에 있는데, 대부분 왼쪽으로 약간 치우쳐 있어요. 심장은 주먹 정도의 크기지만 한시도 쉬지 않고 온몸으로 혈액을 보내는 강력한 기관이지요.

　심장의 안쪽은 두 개의 심방과 두 개의 심실로 이뤄져 있는데 왼쪽의 '좌심방'과 '좌심실', 오른쪽의 '우심방'과 '우심실' 이렇게 양쪽이 서로 다른 일을 하고 있어요. 심장의 왼쪽과 오른쪽은 심장을 가지고 있는 사람의 입장이기 때문에 우리가 그림으로 볼 때는 왼쪽이 심장의 오른쪽, 오른쪽이 심장의 왼쪽이랍니다.

　심장 왼쪽에서는 폐에서 들어온 산소가 가득한 피를 온몸으로 보내는 역할을 해요. 폐에서 심장으로 연결된 폐정맥을 통해 피가 좌심방으로 들어와서 좌심실로 보내지면 좌심실이 대동맥을 통해 피를 온몸으로 보내지요. 심장의 오른쪽에서는 온몸을 돌고 온 이산화탄소가 가득한 혈액을 다시 폐로 보내는 일을 해요. 온몸을 돌고 온 피가 상대정맥과 하대정

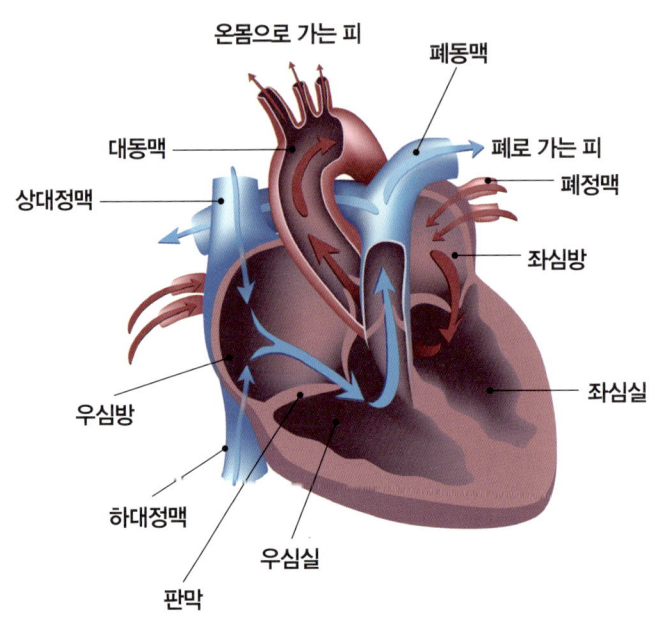
〈심장의 구조〉

맥을 통해 우심방으로 들어와 우심실로 보내지면 우심실과 연결된 폐동맥을 따라 폐로 전해지지요. 심방과 심실 사이에는 판막이 있는데, 심실이 수축할 때 피가 심방으로 다시 돌아가지 않도록 막아 주는 역할을 한답니다.

심장 속에 감정이 있을까요?

좋아하는 사람 앞에서는 두근두근 심장이 빨리 뜁니다. 심장의 모양을 본뜬 하트(♥)가 사랑을 의미하듯 마치 심장 속에 감정이 있는 듯 느껴지지요. 두려움이나 흥분 같은 감정을 느껴도 심장이 빨리 뛰면서 호흡도 빨라져요. 뇌에서 감정을 담당하는 부분이 활성화되면 교감신경도 활성화되는데, 활성화된 교감신경이 심장을 빨리 뛰게 만드는 거예요. 또 심장과 호흡이 빨라지는 이유는 재빨리 반응하거나 도망칠 때 필요한 산소를 준비하는 과정이기도 하답니다.

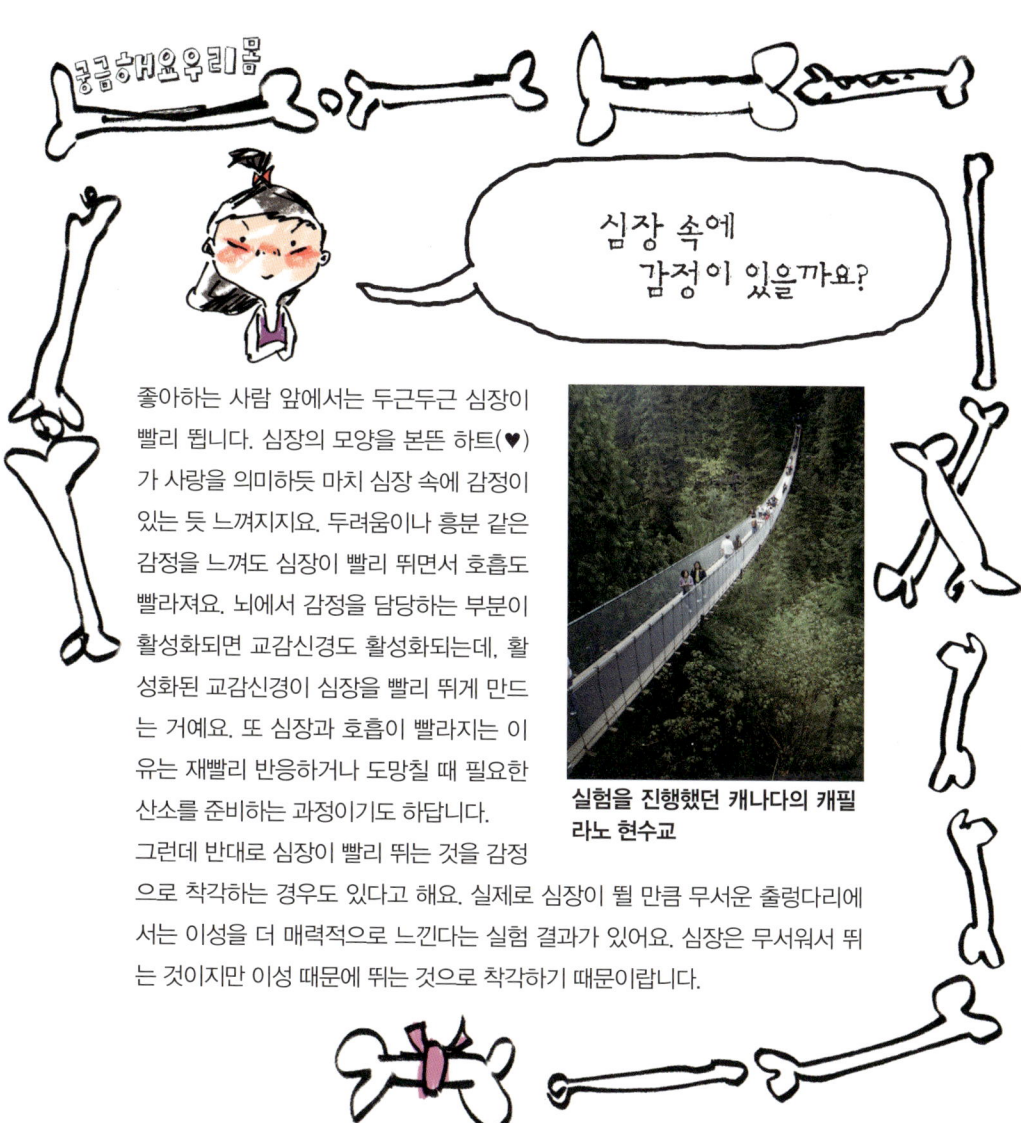

실험을 진행했던 캐나다의 캐필라노 현수교

그런데 반대로 심장이 빨리 뛰는 것을 감정으로 착각하는 경우도 있다고 해요. 실제로 심장이 뛸 만큼 무서운 출렁다리에서는 이성을 더 매력적으로 느낀다는 실험 결과가 있어요. 심장은 무서워서 뛰는 것이지만 이성 때문에 뛰는 것으로 착각하기 때문이랍니다.

온몸의 혈관이 지구 세 바퀴!

우리 몸의 혈관을 한 줄로 늘어놓으면 약 95,000km나 된답니다.

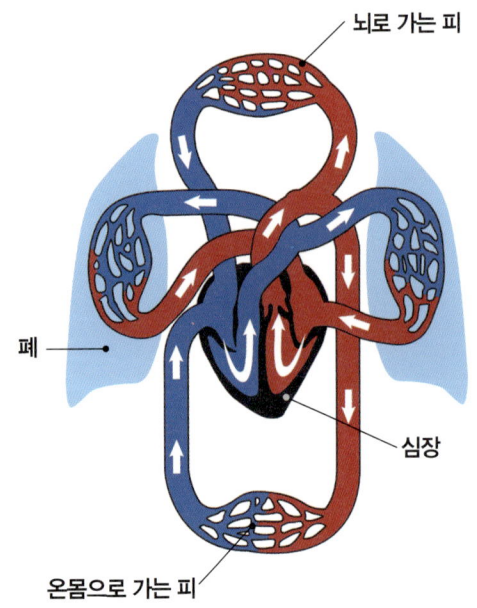

〈혈액의 순환〉

심장에서 나온 피는 온몸을 돌아 다시 심장으로 돌아갑니다. 이 과정을 '순환'이라고 하지요. 우리 몸에는 지구를 무려 세 바퀴나 돌 정도로 엄청난 길이의 혈관이 온몸 구석구석으로 혈액을 배달해 줍니다.

혈액은 우리 몸의 모든 세포에 산소와 양분을 전달할 뿐만 아니라 노폐물을 옮기기도 하고 우리 몸에 다양한 신호가 되는 호르몬을 배달하기도 합니다. 약을 먹었을 때는 약물을 배달하기도 하고요.

혈관을 크게 동맥과 정맥으로 나눌 수 있습니다. 동맥은 심장에서 나와 우리 몸 어딘가로 혈액을 보내 주는 혈관을 말해요. 반대로 정맥은 우리 몸의 어딘가에서 심장으로 들어오는 혈액을 운반하지요.

편의상 동맥혈은 붉은색, 정맥혈은 푸른색으로 표시해요. 대동맥과 폐정맥에 흐르는 동맥혈은 산소가 풍부해서 붉은빛을 띠고, 폐동맥과 상·하대정맥에 흐르는 정맥혈은 이산화탄소와 노폐물이 포함되어 있어 어두운 빛을 띠기 때문입니다.

  목이나 손목, 귀 아래, 발목 등을 만지면 팔딱팔딱 미세한 움직임을 느낄 수 있어요. 이런 움직임을 '맥박'이라고 불러요. 맥박은 심장이 수축하면서 동맥으로 피가 밀려올 때 조금씩 부풀어 오르는 것이랍니다.

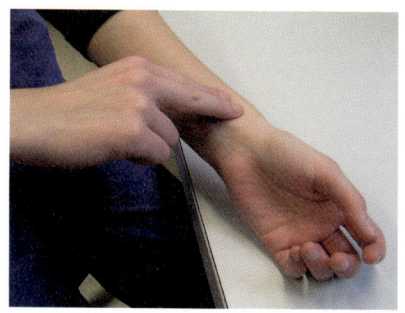

손목을 짚으면 맥박을 느낄 수 있어요.

혈관이 좁아지는 '동맥경화'

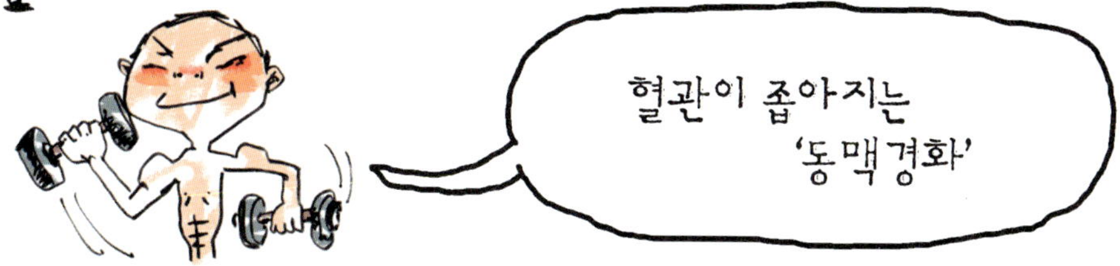

'동맥경화'라는 말을 들어 본 적이 있나요? 정확하게는 '죽상동맥경화'라고 부르는데, 혈관이 탄력을 잃으면서 혈관 안쪽이 좁아지는 것을 말해요. 수도관이 오래되면 녹이 슬고 관 안쪽에 이물질이 끼면서 물이 흐르는 길이 좁아지게 되는 것처럼 말이죠.
심장이나 뇌와 같은 부위에 죽상동맥경화가 일어나 혈관이 막히게 되면 목숨을 잃을 수도 있는 무서운 병이에요. 이를 막기 위해서는 평소에 꾸준한 운동을 하고 포화지방이나 콜레스테롤이 많은 음식을 되도록 피해서 혈관을 막히게 하는 원인 중 하나인 혈액 속의 콜레스테롤 수치를 낮춰야 한답니다.

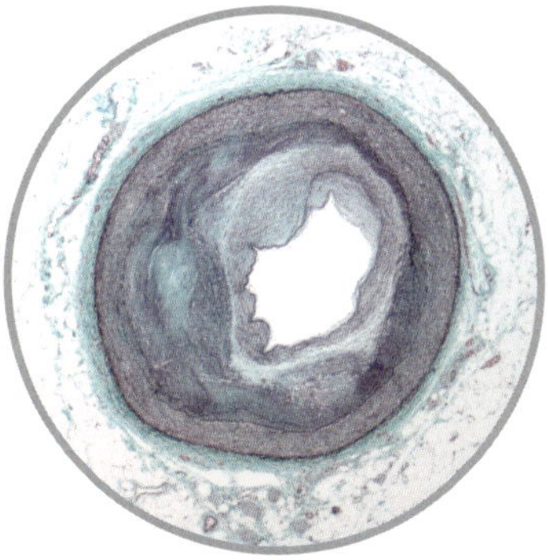

동맥경화로 인해 좁아진 혈관

 # 빨간 핏속엔 뭐가 들어 있어요?

혈액은 우리 몸의 세포에 필요한 산소와 양분 그리고 세포에서 나온 노폐물을 이리저리 운반하는 배달부예요. 또 혈액 안에는 우리 몸을 지키는 병사도 있고 상처를 덮는 치료사도 있지요.

혈액은 네 가지 주요 성분으로 나눌 수 있어요. 혈장과 적혈구, 혈소판, 백혈구이지요.

혈장은 액체 성분으로 물 90%와 혈장단백질 7~8%, 그 밖에 지질, 당류, 무기염류 등이 들어 있어요. 혈장은 양분과 노폐물을 운반하는 역할을 하지요. 적혈구는 가운데가 오목한 원반 모양을 하고 있는데, 온몸에 산소를 전달하는 역할을 해요. 피가 빨갛게 보이는 것은 적혈구에 들어 있는 헤모글로빈 성분 때문이랍니다.

혈소판은 혈관에 상처가 났을 때 혈액이 밖으로 빠져나가지 못하게 혈액을 응고시키는 역할을 해요. 피부에 상처가 났을 때 피부 위에서 응고된 혈액은 딱딱한 딱지가 되어 상처를 보호하기도 하지요. 또한 백혈구는 우리 몸속에 들어온 병원체와 맞서 싸우는 용감한 병사랍니다.

사람의 몸속에는 보통 5L 정도의 혈액이 있으며, 혈액 속에는 약 25조 개의 적혈구가 있어요. 적혈구는 뼈 속의 골수에서 만들어지는데, 약 4개월 동안 우리 몸을 돌며 산소를 운반하다가 간과 지라(위 왼쪽에 있는 림프 기관)에서 파괴되어 노폐물이 된답니다.

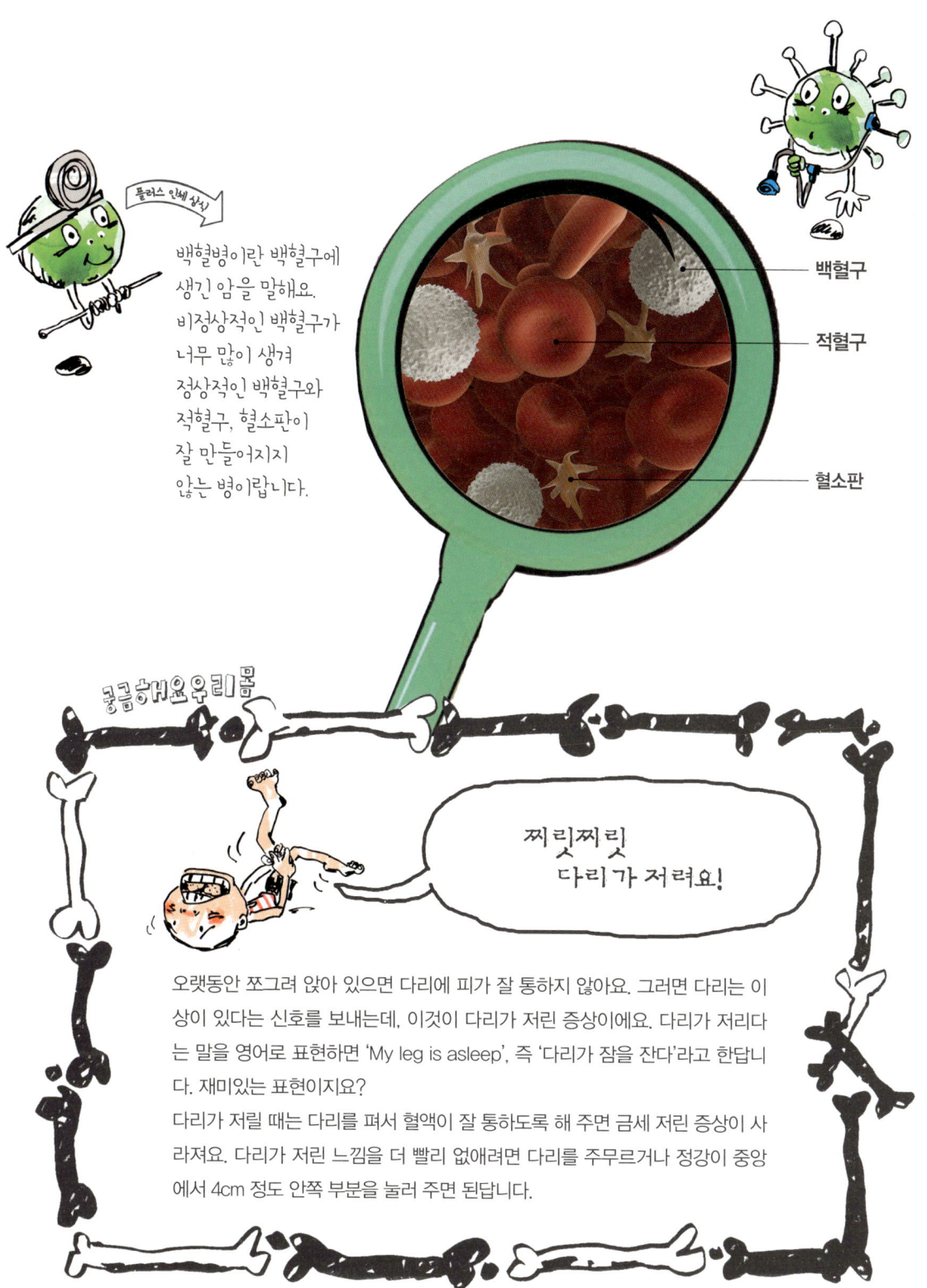

백혈병이란 백혈구에 생긴 암을 말해요. 비정상적인 백혈구가 너무 많이 생겨 정상적인 백혈구와 적혈구, 혈소판이 잘 만들어지지 않는 병이랍니다.

- 백혈구
- 적혈구
- 혈소판

찌릿찌릿 다리가 저려요!

오랫동안 쪼그려 앉아 있으면 다리에 피가 잘 통하지 않아요. 그러면 다리는 이상이 있다는 신호를 보내는데, 이것이 다리가 저린 증상이에요. 다리가 저리다는 말을 영어로 표현하면 'My leg is asleep', 즉 '다리가 잠을 잔다'라고 한답니다. 재미있는 표현이지요?

다리가 저릴 때는 다리를 펴서 혈액이 잘 통하도록 해 주면 금세 저린 증상이 사라져요. 다리가 저린 느낌을 더 빨리 없애려면 다리를 주무르거나 정강이 중앙에서 4cm 정도 안쪽 부분을 눌러 주면 된답니다.

 혈액형에 대한 진실 혹은 거짓

새로운 사람을 만나면 혈액형을 물어보는 경우가 종종 있어요. 우리가 흔히 말하는 혈액형은 ABO식 혈액형으로 A형, B형, AB형, O형 이렇게 네 가지 중의 하나지요. 혈액형에 따라 A형은 소심하고, B형은 제멋대로이고, AB형은 특이하며, O형은 낙천적인 성격을 가졌다고 판단하기도 해요. 하지만 혈액형에 따라 성격이 다르다는 것은 전혀 근거가 없는 말이랍니다.

사실 혈액형은 Rh식, MNSs식, P식, 루이스식 등 모두 32가지의 혈액형 구분 방법이 존재한다고 해요. 이렇게 혈액형을 구분하는 방법이 많다니 놀랍죠? 그런데 많은 구분법 중에 일반적인 것이 ABO식과 Rh식이에요. Rh식은 +와 -로 구분할 수 있지요. 주로 ABO식과 Rh식으로 혈액형을 구분하는 이유는 서로 다른 혈액형 사이에 수혈을 하면 목숨이 위험해질 수 있기 때문이랍니다.

O형은 A, B, AB형 모두에게 수혈해 줄 수 있고 AB형은 수혈을 받을 수만 있다고 해요. 하지만 같은 혈액형이어야 부작용이 적기 때문에 병원에서는 같은 혈액형끼리만 수혈을 한답니다.

요즘에는 적혈구나 혈소판, 혈장 등 환자에게 필요한 성분만 수혈할 수 있어요.

혈액형을 발견한 카를 란트슈타이너

수술 중 환자가 피를 많이 흘려도 아무 피나 수혈받을 수는 없어요. 혈액형이 맞지 않으면 더 큰 위험에 빠질 수 있으니까요. ABO식 혈액형을 발견해 많은 사람의 목숨을 살리는 데 공헌한 사람은 오스트리아 비엔나 출신 의학자 카를 란트슈타이너예요. 서로 다른 사람의 피를 섞으면 가끔 뭉치는 반응이 나타난다는 사실을 안 그는 여러 사람의 피로 실험을 거듭한 결과, 사람의 혈액형이 4가지 유형으로 나뉜다는 것을 알아냈지요. ABO식 혈액형의 발견으로 전쟁터의 수많은 부상자와 아이를 낳을 때마다 피를 많이 쏟는 산모의 목숨을 구할 수 있게 되었어요. 란트슈타이너는 ABO식 혈액형 구분법을 발견한 공로로 1930년 노벨 생리의학상을 받았답니다.

카를 란트슈타이너

# 고혈압과 저혈압

혈압이란 피가 혈관 속을 흐를 때 혈관 벽에 부딪쳐서 생기는 압력을 말해요. 심장이 몸으로 피를 내보낼 때의 혈압을 '수축기 혈압', 심장이 다음 박동을 위해 잠시 쉬고 있을 때의 혈압을 '이완기 혈압'이라고 하지요. 보통 혈압을 말할 때는 수축기의 혈압과 이완기의 혈압을 함께 말하는데, 압력을 나타내는 단위인 mmHg(밀리미터에이치지)로 표시해요.

고혈압은 혈압이 너무 높은 것으로, 18세 이상 성인의 수축기 혈압이 140mmHg 이상이거나 이완기 혈압이 90mmHg 이상인 경우를 말해요. 보통 혈관이 좁아지거나 막히면 혈압이 높아지는데, 고혈압은 혈액이 원활하게 흐르지 못한다는 의미지요. 고혈압일 때는 심장이 피를 내보내기가 그만큼 힘들어지기 때문에 심장에 무리가 오게 됩니다. 또 계속된 압력으로 혈관이 터지거나 한다면 큰일이지요. 고혈압을 피하기 위해서는 너무 짜거나 기름기가 많은 음식을 피하고 꾸준히 운동을 해서 건강한 몸을 유지하는 것이 중요해요.

저혈압은 고혈압과는 달리 어느 정도 이하의 혈압이라고 정확히 규정할 수 없지만 일반적으로 수축기 혈압이 100mmHg, 이완기 혈압이 60mmHg 이하인 경우를 말해요. 저혈압의 경우 심한 출혈로 인한 저혈압이 아니고 특별한 증상이 없는 경우라면 치료가 필요하지 않아요.

플러스 인체 상식

일반적으로 건강한 성인은 수축기 혈압이 120mmHg, 이완기 혈압이 80mmHg랍니다.

혈압은 어떻게 재는 건가요?

혈압을 잴 때는 겨드랑이에서 팔 안쪽으로 흐르는 '위팔동맥'을 이용해요. 팔뚝을 혈압계의 주머니로 감싸고 주머니에 공기를 넣어 팔을 조이면 위팔동맥으로 혈액이 흐르지 않게 됩니다. 다시 주머니의 공기를 천천히 빼면 혈액이 다시 흐르기 시작하는데, 이때 위팔동맥의 압력이 바로 수축기 혈압이지요. 주머니의 공기가 모두 빠지고 혈액의 흐름이 정상으로 되돌아올 때의 압력은 이완기 혈압이랍니다. 혈액이 흐르는 소리는 청진기로 들을 수 있어서 혈압을 잴 때 청진기도 이용해요.

혈압계

 백혈구와 항체의 전투

    우리는 호시탐탐 우리 몸을 노리는 세균이나 바이러스 같은 병원체에 둘러싸여 살고 있어요. 그렇다고 우리가 항상 병에 걸리는 것은 아니죠. 왜냐하면 우리 몸을 지키는 놀라운 '면역계'가 있기 때문이랍니다.

    우리 몸을 지키는 면역계의 첫 번째 방어막은 바로 피부입니다. 피부에 난 큰 구멍인 눈이나 콧구멍, 입으로 병원체가 들어올 수 있지만 눈물이나 콧물과 같은 분비물이 이를 막아 줘요. 우리 몸의 분비물에는 병원체를 죽이는 화학 물질이 들어 있거든요.

    1차 방어막을 뚫고 병원체가 들어온다고 해도 우리 몸에는 백혈구라는 용감한 병사가 있어요. 백혈구는 병원체를 잡아먹어요. 상처가 병원체에 감염되면 누런 고름이 생기곤 하는데, 고름은 병원체와 싸우고 전사한 백혈구들의 흔적이랍니다.

    놀라운 것은 백혈구가 몸에 들어왔던 병원체를 기억하고 그 병원체에 대항하는 '항체'를 미리 만들어 둔다는 거예요. 항체는 병원체에 달라붙어서 병원체가 힘을 쓰지 못하도록 하지요. 항체 덕분에 다음에 다시 같은 병원체가 들어오면 더 재빠르게 싸워 이길 수 있답니다.

    병원체가 몸에 침입해서 전쟁을 하는 동안 우리 몸은 열이 나거나 심한 피로를 느낄 때가 있어요. 몸에 열이 나는 것은 병원체를 죽이는 데 도움을 주고, 피로감을 느끼는 것은 병이 나을 때까지 우리 몸이 쉴 수 있게 하기 위해서랍니다.

면역계의 착각, 알레르기

알레르기 반응은 면역계가 우리 몸에 들어온 어떤 물질을 병원체로 착각하기 때문에 일어나요. 예를 들면 꽃가루나 집먼지진드기 따위에 민감하게 반응해 우리 몸이 '히스타민'이라는 화학 물질을 마구 만드는 거예요. 히스타민은 백혈구들이 많이 모일 수 있도록 혈관을 넓혀서 피가 많이 흐르게 하는 물질이지요. 히스타민이 너무 많이 만들어지면 피부가 가렵거나 재채기를 하게 된답니다.

꽃가루 확대 사진

집먼지진드기 확대 사진

나의 폐활량은 얼마나 될까요?

나의 폐는 얼마나 많은 공기를 담을 수 있을까요? 폐활량을 직접 재는 실험을 해 볼까요?

〈준비물〉
마개가 있는 페트병(대형), 계량컵, 대야, 고무 호스, 유성펜

① 포장지를 뗀 페트병에 계량컵으로 물을 100㎖씩 넣으면서 유성펜으로 눈금을 표시해요. 이 눈금으로 폐활량을 알 수 있어요.

② 대야에 물을 조금 채워요.

③ 페트병 마개를 닫은 후 병을 거꾸로 세워 대야에 넣어요. 페트병 입구가 물속에 잠겨 있는 채로 마개를 열어요. 마개를 열 때 페트병 안에 공기가 들어가지 않도록 하세요.

④ 페트병 입구로 고무 호스를 넣어요. 이제 숨을 최대한 들이마신 후 고무 호스에 입을 대고 폐의 공기가 다 빠져나올 때까지 숨을 내쉬어요.

⑤ 숨을 모두 내쉬고 나면 페트병 안에 공기가 얼마나 찼는지 확인해 보세요. 그 양이 나의 폐활량이랍니다.

⑥ 친구나 부모님 등 다른 사람의 폐활량도 재어 보세요.

⭐ 생각해 보기

폐활량은 사람이 한 번 공기를 최대한으로 들이마셨다가 내뿜을 수 있는 최대량을 의미해요. 보통 폐활량이 클수록 건강하다고 합니다. 뛰어난 가수들도 대부분 폐활량이 크고요. 폐활량이 크면 좋은 점은 또 무엇이 있을까요?

⭐ 폐활량 이야기

최대로 들이마셨다가 내뿜을 수 있는 공기의 양인 폐활량은 성인 남자가 약 3,500㎖, 성인 여자가 약 2,500㎖입니다. 평상시에 숨을 쉴 때 폐에 드나드는 공기의 양은 약 500㎖로, 1분에 약 16회 정도 호흡을 해요. 하지만 걷거나 달릴 때는 더 많은 양의 산소가 필요하기 때문에 숨을 더 크게, 더 많이 쉬게 되지요. 이때 폐활량이 크면 몸에 필요한 산소를 제대로 공급해 줄 수 있지만 폐활량이 작으면 호흡곤란에 빠질 수 있어요. 폐활량은 꾸준한 운동으로 늘릴 수 있답니다.

6장

소화와 배설

음식물의 여행

우리는 음식을 통해 탄수화물과 단백질, 지방은 물론 비타민과 무기질 등의 영양소를 얻을 수 있어요. 영양소는 우리 몸을 이루는 세포로 가서 세포의 에너지가 되거나 세포를 구성하는 성분이 되지요.

음식을 먹는다고 해서 바로 영양소로 사용할 수는 없어요. 음식을 잘게 부수고 소화해서 음식 속에 든 영양소를 우리가 흡수할 수 있는 작은 단위로 바꿔야 하지요. 이렇게 바뀐 영양소는 혈액 속으로 흡수된답니다.

우리가 먹은 음식은 보통 3일 동안 우리 몸속을 여행해요. 음식물이 지나는 길은 입에서부터 항문까지 길게 연결된 터널과 같지요. 음식물은 입을 거쳐 식도를 지나 위와 십이지장, 작은창자, 큰창자를 지나게 돼요. 입에서 항문까지 이르는 소화관의 길이는 어른의 경우 무려 9m나 된답니다.

이렇게 음식물이 지나는 길을 포함하여, 음식물을 소화할 수 있는 효소를 내놓거나 영양소를 처리하는 기관들을 '소화 기관'이라고 해요. 소화 기관을 모두 거친 음식물은 똥이 되어 몸 밖으로 나온답니다.

비어 있는 위는 주먹만 한 크기지만, 음식이 가득 차면 스무 배 이상 늘어나요.

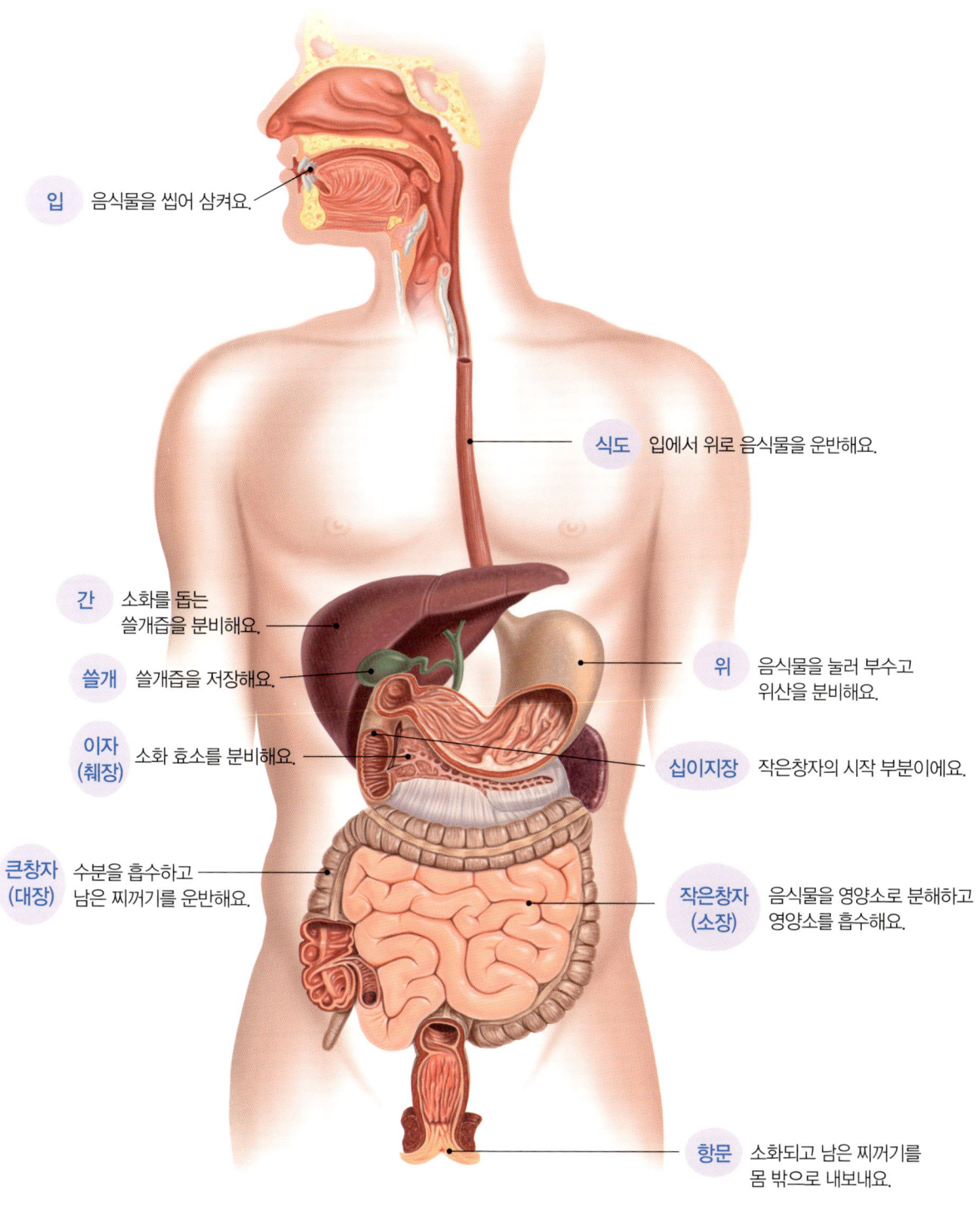

〈소화 기관의 구조〉

입에서, 위에서, 장에서

음식물이 소화 기관을 여행하면서 어떤 일을 겪게 되는지 좀 더 자세히 알아볼까요? 음식물은 가장 먼저 입으로 들어오게 됩니다. 그러면 이가 음식물을 씹어서 작은 조각으로 만들고, 침샘에서 나온 침은 음식물을 걸쭉하게 만들어 삼키기 쉽게 만들어요. 침 속의 아밀레이스는 음식물 속의 탄수화물을 분해하기도 합니다.

혀가 음식물을 입 뒤쪽으로 보내면 식도를 따라 음식물이 위로 들어가요. 위로 들어간 음식물은 위가 내놓는 위액을 만나지요. 강력한 산성을 띤 위액은 음식물을 녹이고, 위액 속의 소화 효소인 펩신이 단백질을 분해합니다. 위액은 음식물과 함께 들어온 세균을 죽이는 역할도 해요. 위의 힘센 근육은 음식물과 위액이 잘 섞이게 하고 음식물을 걸쭉한 수프 상태로 만들지요.

위를 빠져나온 음식물은 십이지장을 지나게 돼요. 십이지장은 작은창자로 연결되는 통로이며, 쓸개즙과 이자액이 나오는 구멍이 있어서 단백질과 지방의 소화를 돕는 효소가 분비되지요. 구불구불한 작은창자에서는 음식물이 우리가 흡수할 수 있는 영양소로 작게 분해되어 융털을 통해 혈액으로 흡수됩니다. 큰창자는 수분을 흡수하는 역할을 해요. 그런데 큰창자 속에는 엄청나게 많은 미생물들이 살고 있어서 큰창자로 들어온 음식물 찌꺼기를 분해하지요. 이 모든 과정을 거친 음식물은 결국 똥이 되어 항문을 통해 몸 밖으로 나가게 된답니다.

하루 동안 나오는 침의 양은 평균 700ml나 돼요.

나오는 곳	소화액	소화 효소	소화 작용
입	침	아밀레이스	녹말 → 엿당
위	위액	펩신	단백질 → 펩톤
이자	이자액	트립신 라이페이스 아밀레이스 말테이스	단백질 → 펩톤 지방 → 지방산, 글리세롤 녹말 → 엿당 엿당 → 포도당
간	쓸개즙	없음	지방의 소화를 돕는다.
장샘	장액	말테이스 펩티데이스 수크레이스 락테이스	엿당 → 포도당 펩톤 → 아미노산 설탕 → 포도당, 과당 젖당 → 포도당, 갈락토오스

〈소화 효소의 종류와 역할〉

음식물을 꼭꼭 씹는 이

음식을 여러 번 꼭꼭 씹어 먹어야 소화가 잘돼요. 음식을 잘 씹어서 덩어리가 작아질수록 소화 효소와 닿는 면적이 넓어지기 때문이에요. 입자가 큰 소금보다 고운 소금이 물에 더 잘 녹는 것과 같은 이치지요. 끌처럼 생긴 앞니는 음식을 자르는 역할을 해요. 송곳니는 질긴 고기 같은 음식을 찢고, 어금니는 음식을 잘게 부수는 역할을 하지요. 그래서 육식동물은 송곳니가 발달해 있고, 초식동물은 어금니가 발달해 있답니다. 이의 표면을 덮고 있는 법랑질은 우리 몸에서 가장 단단한 부위지만 양치질을 제대로 하지 않으면 충치가 생길 수 있으니 주의해야 한답니다.

 왜 음식을 먹어야 해요?

움직이지 않고 가만히 있어도 심장은 뛰고 폐는 호흡을 계속해요. 아무 생각을 하지 않아도 뇌는 끊임없이 활동을 하고 있지요. 이런 일을 하는 데 에너지가 필요해요. 움직이고 대화하고 생각할 때는 에너지가 더 많이 필요하다는 사실은 말할 필요도 없겠죠?

우리 몸을 구성하는 세포는 늘 새롭게 바뀌어요. 오래된 세포는 없어지고 새로운 세포가 계속 생겨나지요. 이 과정에서도 다양한 물질이 필요하답니다. 우리에게 필요한 에너지와 우리 몸을 만드는 데 필요한 물질을 '영양소'라고 불러요. 우리는 음식을 통해서 영양소를 얻지요.

영양소는 크게 탄수화물과 지방, 단백질, 비타민, 무기질로 나눌 수 있어요. 밥이나 빵, 과일에는 탄수화물이 많이 들어 있어요. 탄수화물은 소

'식품 구성 자전거'는 영양소를 골고루 섭취할 수 있도록 하루에 어떤 식품을 얼마나 먹어야 하는지 알려 주는 그림이에요.

참고 자료 : 사단법인 한국영양학회

화되어 포도당이 되는데, 세포가 일을 할 때 에너지가 되어 줘요. 지방도 탄수화물처럼 에너지를 주는 영양소예요. 탄수화물 1g은 4kcal(킬로칼로리)지만, 지방 1g은 9kcal랍니다. 지방은 우리 몸을 조절하는 호르몬을 만들 때도 필요해요.

고기와 생선, 달걀에 많이 들어 있는 단백질은 소화되면 아미노산이 돼요. 아미노산은 세포와 조직을 만드는 영양소로, 피부와 근육, 머리카락도 아미노산으로 만들어진답니다.

건강한 우리 몸을 위해 적당한 양을 골고루 먹어야 한다는 사실, 잊지 마세요!

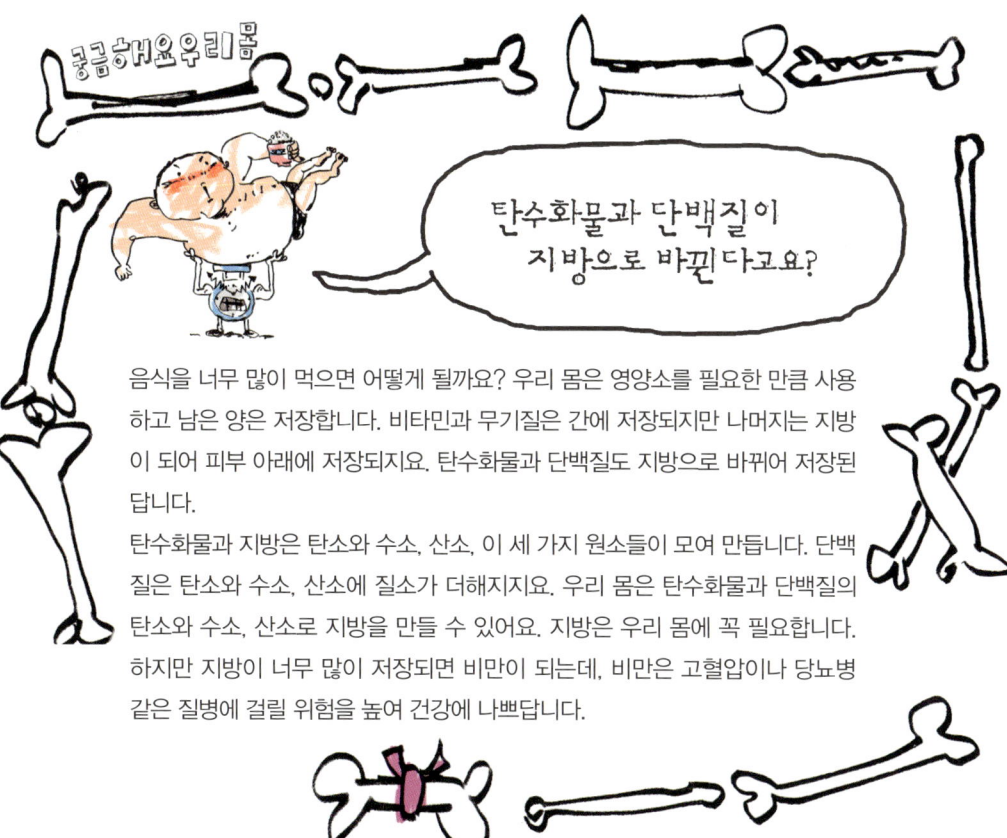

음식을 너무 많이 먹으면 어떻게 될까요? 우리 몸은 영양소를 필요한 만큼 사용하고 남은 양은 저장합니다. 비타민과 무기질은 간에 저장되지만 나머지는 지방이 되어 피부 아래에 저장되지요. 탄수화물과 단백질도 지방으로 바뀌어 저장된답니다.
탄수화물과 지방은 탄소와 수소, 산소, 이 세 가지 원소들이 모여 만듭니다. 단백질은 탄소와 수소, 산소에 질소가 더해지지요. 우리 몸은 탄수화물과 단백질의 탄소와 수소, 산소로 지방을 만들 수 있어요. 지방은 우리 몸에 꼭 필요합니다. 하지만 지방이 너무 많이 저장되면 비만이 되는데, 비만은 고혈압이나 당뇨병 같은 질병에 걸릴 위험을 높여 건강에 나쁘답니다.

왜 토를 해요?

위는 평상시에 주먹만 한 크기지만 음식을 먹으면 멜론만 한 크기로 늘어납니다. 음식이 위로 들어오면 위에서는 위액이 나와 단백질의 소화를 시작하지요. 위액은 위벽을 모두 녹여 버릴 정도로 강력한 산성 물질이에요. 하지만 위벽은 끈끈한 점액으로 덮여 있기 때문에 녹을 염려가 없지요.

소화할 수 없는 무언가가 위 속으로 들어왔을 때, 상하거나 나쁜 균이 든 음식을 먹었을 때, 혹은 너무 많이 먹었을 때 토를 할 수 있어요. 현기증이 나거나 신경이 예민해졌을 때, 그리고 몸이 좋지 않을 때도 토할 수 있지요.

위는 그저 단순한 주머니가 아니에요. 음식이 식도로 들어오는 윗부분 구멍인 '들문'과 십이지장과 이어진 아랫부분 구멍인 '날문'이 괄약근이라는 근육으로 꽉 조여 있어요. 그런데 음식물을 토할 때는 위쪽의 괄약근이 이완되면서 들문이 열리고 위의 근육이 오므라들면서 음식물을 밖으로 밀어냅니다.

위 속에 음식물이 어떤 상태로 있는지는 토를 해 본 사람은 알 수 있을 거예요. 위액과 섞여 있는 음식물은 맛이 시면서 쓰고, 냄새도 매우 역겹지요. 토하고 나면 강한 산성의 위액 때문에 식도는 물론 입안과 코 안쪽 등이 상할 수 있어요. 토하는 것 자체는 병이 아니지만 평소에 자주 토한다면 병원에 가 봐야 한답니다.

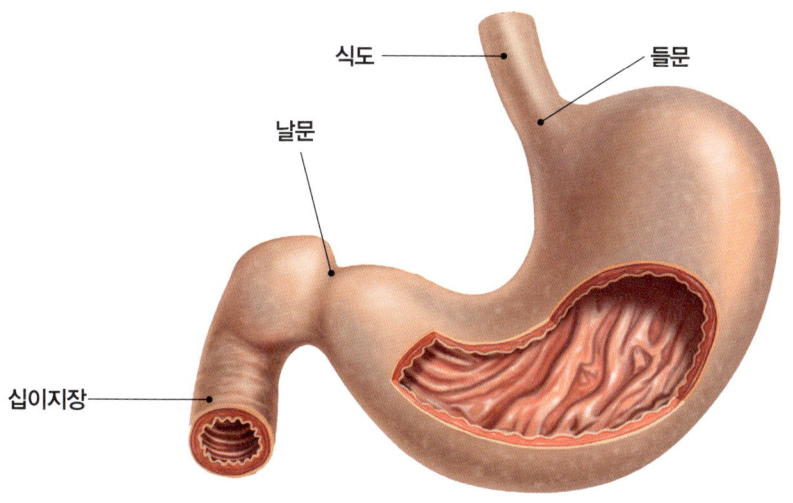

〈위의 모습〉

궁금해요우리몸

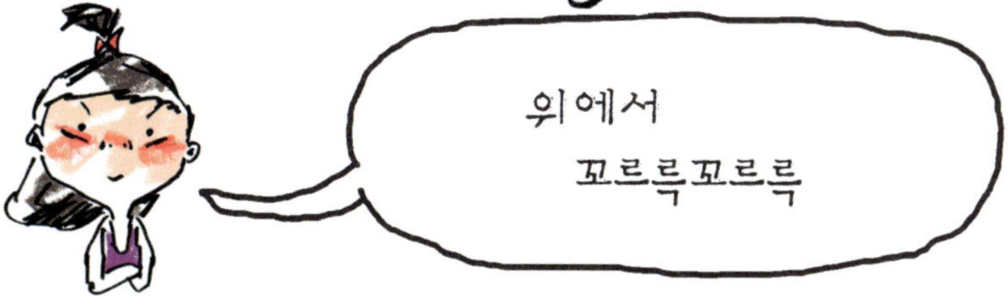

위에서 꼬르륵꼬르륵

위 속의 음식물과 공기가 출렁이거나 장 속에서 음식물이 움직일 때 꼬르륵 소리가 나요. 그런데 배가 고프면 유독 배에서 꼬르륵 소리가 크게 들려요. 그래서 '배꼽시계가 울린다'고 하지요. 배고플 때 꼬르륵 소리는 실제로 음식을 먹지는 않았지만 곧 먹을 것으로 기대되어 위가 스스로 활동을 시작해서 나는 소리라고 합니다.
때로는 위 속의 공기가 식도를 타고 올라와 입으로 나올 수 있는데, 이 공기가 바로 꺼억 소리를 내는 '트림'이랍니다.

6장 소화와 배설 · 119

 장 안에 미생물이 가득가득

큰창자 안에 살고 있는 미생물은 100종류가 넘으며 그 무게만 해도 1kg이 넘을 정도예요. 더욱 놀라운 것은 우리가 누는 똥의 3분의 1이 큰창자 속에 살던 미생물이라는 사실입니다. 하지만 걱정하지 마세요. 큰창자 속의 미생물은 우리에게 도움을 주는 고마운 존재예요. 음식물의 소화를 도와주고 비타민을 만들어 줘요. 게다가 나쁜 세균이 큰창자로 들어와서 안에 자리 잡지 못하도록 싸워 주기도 하지요.

큰창자 속의 미생물들은 이런 작용을 하면서 이산화탄소와 메탄, 수소 등의 가스를 만드는데, 이 가스가 바로 방귀예요. 콩이나 보리밥, 고구마를 먹으면 방귀를 더 많이 뀌게 되지요? 그 이유는 콩이나 보리밥, 고구마 같은 음식 속에는 작은창자에서 흡수되지 않고 큰창자까지 가는 당분 종류가 많아서예요. 이 당을 큰창자 속의 미생물들이 분해하면서 더 많은 가스를 만들기 때문이지요. 그런데 이렇게 만들어진 가스는 냄새가 독하지 않아요. 오히려 고기를 많이 먹어서 만들어진 방귀의 냄새가 지독하지요. 고기의 단백질에 들어 있는 황 성분이 구린 냄새가 나는 '황화수소'라는 기체를 만들어 내기 때문이랍니다.

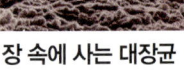

장 속에 사는 대장균

한 사람의 대장에 살고 있는 미생물의 수는 전 세계 인구 수보다 많아요.

똥이 똥색인 이유는?

똥은 대부분 갈색이나 누런색을 띱니다. 우리는 다양한 색깔의 음식을 먹는데 왜 똥은 다 누런색일까요? 그 이유는 바로 노란색 '쓸개즙' 때문이랍니다. 쓸개즙은 소화 과정을 거치면서 갈색, 녹색으로 변하기도 해요.

똥 색깔이 갑자기 변하면 건강에 이상이 있다는 신호일 수 있어요. 식도나 위, 십이지장에 피가 나면 새카만 똥을 누게 됩니다. 핏속의 헤모글로빈이 위액과 섞여 어두운 색으로 변하기 때문이지요. 작은창자나 큰창자에 피가 나면 빨간 똥을 누게 돼요. 또 간에 병이 있으면 회색 똥을 눌 수도 있답니다.

맹장염은 맹장의 염증이 아니라고요?

맹장염이라고 부르는 병은 맹장에 생긴 염증이 아니라는 사실, 알고 있나요?

맹장은 큰창자와 작은창자가 만나는 부분으로 크기는 6cm 정도예요. 사람에게는 그다지 쓸모없는 기관이고, 고기만 먹는 육식동물들에게도 그렇지요. 하지만 풀만 먹고 사는 토끼나 말 같은 초식동물들에게는 맹장이 크게 발달되어 있어요. 풀 속에 든 섬유소를 맹장에 있는 미생물들이 소화시켜 주기 때문이랍니다.

그런데 우리가 흔히 맹장염이라고 부르는 것은 잘못된 말이고, 충수염이라고 부르는 게 맞아요. 충수는 맹장에 붙어 있는 작은 관이지요. 염증이 생긴 충수를 떼어 내는 것은 비교적 간단한 수술이지만 염증이 심해져서 충수가 터져 버리기라도 하면 매우 위험할 수 있어요. 충수에 염증이 생기면 배가 몹시 아파요. 아랫배 오른쪽을 눌렀을 때 특히 아프고, 눌렀던 손을 뗄 때 더 많이 아프다고 해요.

충수염을 예방하는 특별한 방법은 없어요. 껌이나 머리카락 등 이물질을 많이 삼키면 충수염에 잘 걸린다는 이야기가 있지만 사실이 아니랍니다.

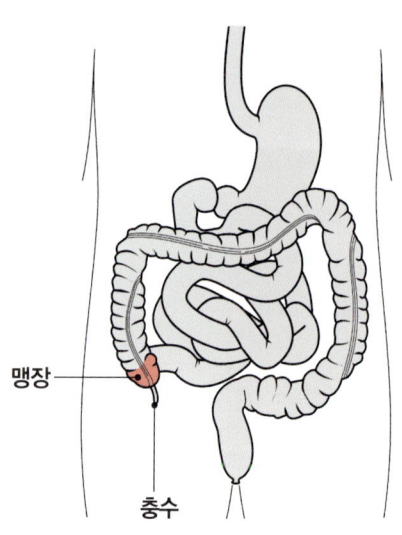

〈맹장과 충수의 위치〉

충수는 미생물의 피난처

설사병에 걸린 적이 있나요? 우리 몸이 피곤하거나 평소와 다른 음식을 먹었을 때 큰창자 속 미생물의 균형이 깨지면서 특정한 미생물이 많아지는 등 혼란이 일어나기도 해요. 이때 우리는 설사를 하게 된답니다. 설사는 큰창자를 혼란스럽게 만든 미생물을 밖으로 버리기 위해 하는 것이죠. 그런데 이때 충수가 큰 활약을 한다고 해요.

충수는 오랫동안 필요 없는 기관이라고 생각돼 왔는데, 사실 이곳이 큰창자의 미생물이 피난하는 곳이라는 거예요. 설사병이 나서 장 속의 미생물이 모두 비워지고 나면 큰창자에 살던 유익한 미생물이 충수에 숨어 있다가 나와서 나쁜 미생물들보다 먼저 장 속을 차지한답니다.

# 500가지가 넘는 일을 하는 간

위 바로 옆자리를 차지하고 있는 간은 500가지가 넘는 다양한 일을 하는 기특하고 부지런한 기관이에요. 간이 하는 일 중 대표적인 것 몇 가지를 살펴보아요.

먼저 간은 장에서 지방의 소화를 돕는 쓸개즙을 만들어요. 간이 하루에 만드는 쓸개즙은 1L나 되지요. 또 간은 장에서 흡수한 영양소를 분류하고 우리 몸에 필요한 성분으로 바꿔 여러 곳으로 보내요.

탄수화물은 장에서 포도당으로 흡수되는데, 포도당은 간에서 글리코젠으로 바뀌어서 저장돼요. 우리 몸은 혈액 속에 일정한 양의 포도당을 가지고 있어야 하는데, 포도당이 필요할 때 글리코젠이 다시 포도당으로 바뀌어 혈액 속으로 들어간답니다. 단백질은 장에서 아미노산으로 흡수되는데, 아미노산은 간으로 와서 다시 알부민 등의 단백질로 합성됩니다. 장에서 지방산으로 흡수된 지방도 간으로 와서 몸에 필요한 성분으로 변하지요. 간은 비타민과 무기질 같은 영양 성분을 저장하기도 해요.

이외에도 간은 몸의 독성분을 분해하거나 몸에 해로운 미생물을 없애는 등 중요한 역할을 하고 있답니다.

간은 우리 몸에서 재생력이 가장 뛰어난 기관이에요. 간의 70%를 잘라 내도 한 달이면 거의 원래 크기로 재생된답니다.

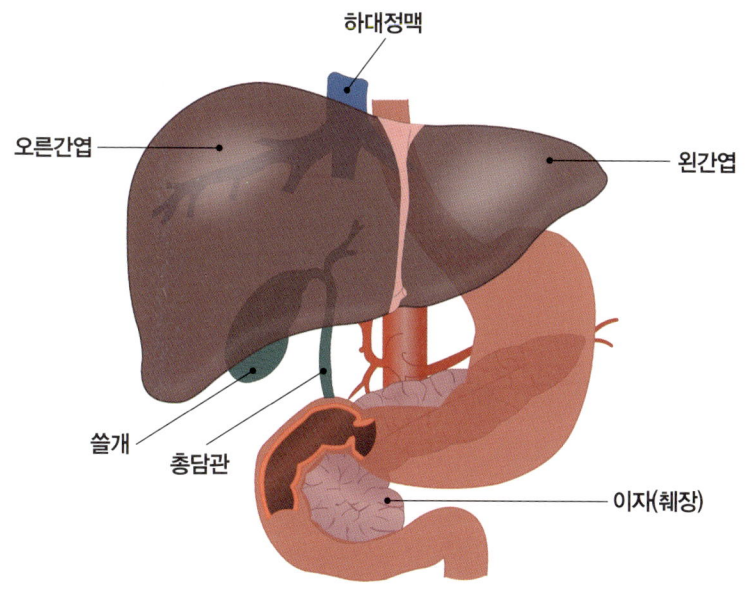

〈간과 주변 기관〉

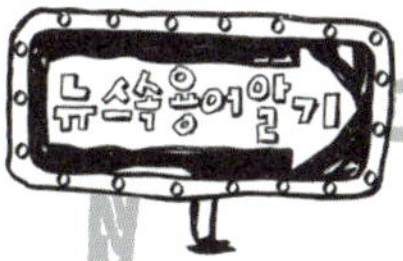

뉴스속용어알기

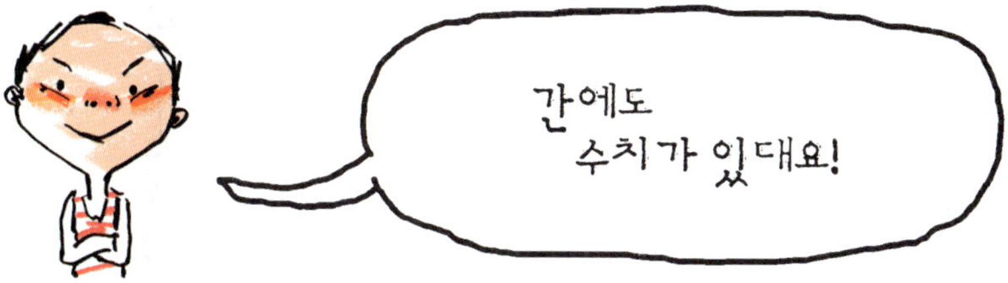

간에도 수치가 있대요!

'간수치'라는 말을 들어 본 적이 있나요? 간수치란 간의 효소 검사, 간의 합성기능 검사, 간의 해독기능 검사를 한 결과 나온 수치를 말해요.

간에 염증이 생기거나 다른 이유로 간세포가 많이 파괴되면 간수치가 올라가게 돼요. 그러다가 간세포가 더 이상 파괴되지 않으면 다시 정상으로 돌아오지요. 결국 간수치가 높아졌다는 것은 간의 세포나 기능에 이상이 생겼다는 의미이기 때문에 간수치를 중요하게 여기는 거예요. 간수치가 높아지는 대표적인 원인으로는 술이 있어요. 술에 들어 있는 알코올은 간에서 분해되는데, 술을 너무 많이 마시면 간세포가 손상을 입어 간수치가 높아진답니다.

 몸속을 들여다보는 내시경

위나 큰창자가 아프면 예전에는 그저 배를 꾹 눌러 보거나 청진기를 대서 소리를 듣고 어디가 왜 아픈지 추측해야 했어요. 하지만 지금은 위나 큰창자 안을 직접 볼 수 있는 기구가 있어요. 바로 내시경이랍니다. 내시경은 '내장 안을 보는 기구'라는 뜻이지요.

위를 보는 기구를 위 내시경, 큰창자 안을 보는 기구를 대장 내시경이라고 불러요. 내시경은 긴 관 끝에 빛을 내는 플래시와 카메라가 달려 있어서 위와 큰창자 안을 찍어서 화면으로 보여 줍니다. 따라서 어디에 염증이 생긴 것인지 혹은 피가 나는 것인지 정확하게 알 수 있지요.

내시경 검사를 하기 위해 관을 넣는 것은 고통스러울 수 있어요. 그래서 아주 잠깐 동안 마취한 채로 내시경 검사를 하는 수면 내시경이라는 방법이 있어요.

최근에는 간편하게 알약처럼 꿀꺽 삼키면 되는 캡슐 내시경도 개발되었어요. 캡슐 내시경을 삼키면 식도부터 위와 큰창자는 물론 관으로 된 내시경으로는 볼 수 없었던 작은창자까지, 소화 기관 전부를 살펴볼 수 있어요. 캡슐 내시경이 소화 기관을 통과하며 촬영한 사진을 통해 건강 상태를 확인하는 거지요. 무척 편리하지만 아직은 검사비가 비싼 것이 흠이랍니다.

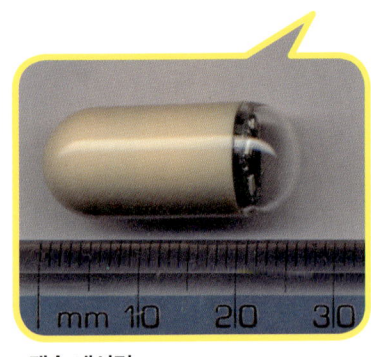

캡슐 내시경

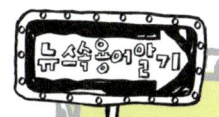

내시경으로 수술을 한다고요?

기술의 발달로 내시경을 이용해 수술을 할 수 있게 됐어요. 내시경으로 수술을 하면 내시경이 들어갈 정도의 작은 구멍을 통해 수술을 하기 때문에 수술 후에 고통이 적은 것은 물론 회복이 빠르고 흉터도 작게 생긴다는 장점이 있지요. 내시경 수술에서 더 나아가 로봇 수술도 개발되었어요. 내시경 수술처럼 작은 구멍으로 수술용 카메라와 로봇 팔을 넣고 수술을 하는 것이랍니다.

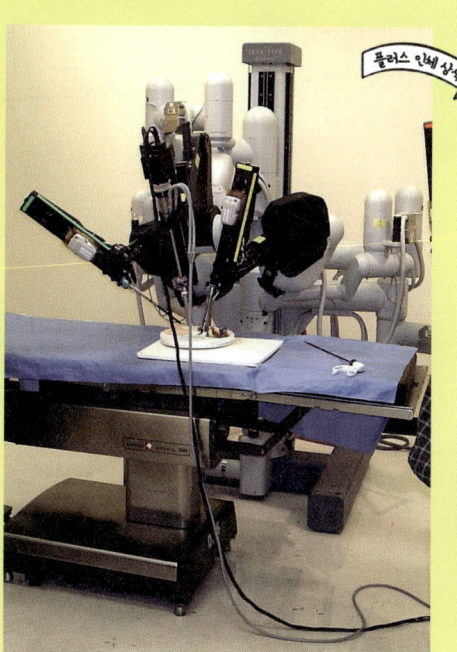

수술용 로봇

1868년 독일의 아돌프 쿠스마울 박사는 최초로 내시경을 사용하여 환자의 위를 관찰했어요.

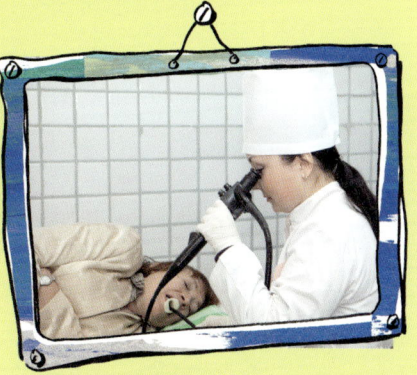

현대의 내시경 검사 모습

6장 소화와 배설 · 127

 기생충에 감염되면 어떻게 해요?

생물은 다른 생물과 서로 밀접한 관계를 맺으며 살아가요. 이 관계에서 서로 이득이 있으면 '공생'이라고 해요. 하지만 한쪽만 이득이 있으면 '기생'이라고 하지요. 기생 관계에서 이득을 보는 생물을 '기생충'이라고 하고 손해를 보는 생물을 '숙주'라고 불러요.

사람이나 동물을 숙주로 하여 살아가는 기생충 가운데 회충이라는 것이 있어요. 회충의 알은 사람이나 동물의 똥에 섞여서 밖으로 나와요. 밖으로 나온 알은 배추나 상추 같은 채소에 묻어서 다시 사람의 몸으로 들어오지요. 그리고 몸속에서 부화하여 자리 잡고 살아가요. 보통은 회충이 있다고 해도 특별한 증상은 없어요. 물론 회충이 몸에 너무 많으면 복통이나 호흡곤란을 일으키기도 하지만 그런 일은 매우 드물지요.

징그럽게 생긴 회충이 내 몸 안에 있을 거라는 상상만 해도 끔찍하다고요? 너무 걱정할 필요는 없어요. 요즘은 생활환경이 위생적으로 바뀌었기 때문에 회충이나 요충, 십이지장충 등 사람의 몸에 기생하는 기생충 자체를 찾아보기가 힘들어졌어요. 또 만약 기생충이 생겼다고 해도 약으로 간단하게 없앨 수 있답니다.

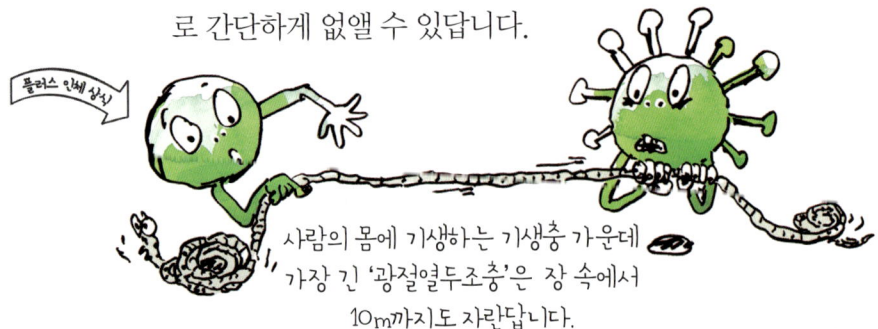

사람의 몸에 기생하는 기생충 가운데 가장 긴 '광절열두조충'은 장 속에서 10m까지도 자란답니다.

기생충이 알레르기를 없애 준다고요?

사람의 몸에 들어온 기생충들은 자신들을 공격하는 면역력을 억제시켜요. 반대로 사람은 기생충이 몸에 들어와서 면역을 억제할 것에 대비해서 더 많은 면역 반응을 일으키게 진화했지요. 그런데 환경이 변해 기생충이 없어지면서 쓰임새를 잃은 면역 반응이 엉뚱한 것을 공격해 알레르기를 일으킨다고 해요. 실제로 몸에 기생충이 있으면 알레르기가 줄어든다는 연구 결과도 있지요. 그렇다고 알레르기를 없애려고 징그러운 기생충을 일부러 몸에 키울 필요는 없어요. 많은 과학자들이 기생충의 면역 억제 능력을 이용해 알레르기를 없애는 약을 개발하고 있답니다.

회충

# 피를 깨끗하게 하는 콩팥

콩팥(신장)은 아랫배의 등 쪽에 있는 주먹 크기의 강낭콩처럼 생긴 기관이에요. 우리 몸에는 콩팥이 두 개 있어요. 콩팥은 한마디로 오줌을 만드는 기관이지요. 오줌을 만드는 일은 왠지 중요한 일이 아닌 것처럼 느껴지지만 콩팥이 오줌을 제대로 만들지 못하면 우리는 살 수 없어요.

콩팥은 하루에 170L가 넘는 혈액을 걸러서 노폐물을 모아 오줌을 만들고 방광으로 보내요. 콩팥이 만드는 오줌의 양은 하루에 1~2L 정도 되지요. 콩팥에는 미세한 여과 장치인 네프론이 있어요. 네프론은 양쪽 콩팥을 합하면 약 250만 개 정도 있는데, 몸 안에 쓸모없어진 요소를 걸러 낸답니다. 요소란 간이 암모니아로 만든 물질이에요. 단백질이 대사되는 과정에서 암모니아라는 독성 물질이 생기는데, 간이 이 암모니아를 독이 없는 요소로 바꾸는 거예요.

만약 콩팥이 제대로 일을 하지 못하면 노폐물이 몸에 쌓이는 요독증에 걸려요. 요독증은 구토나 설사 같은 증상은 물론 오래 지속되면 혼수상태에 빠지고, 심장마비를 일으켜 결국 죽게 되는 무서운 병이지요. 콩팥이 제기능을 못할 때는 인공 콩팥이 혈액을 걸러 주는 혈액투석을 받거나 콩팥 이식을 받아야 한답니다.

아기 때는 오줌을 참는 근육을 조절할 수 없어서 기저귀를 차야 해요. 태어난 지 18개월 정도 지나야 방광의 근육을 조절할 수 있게 된답니다.

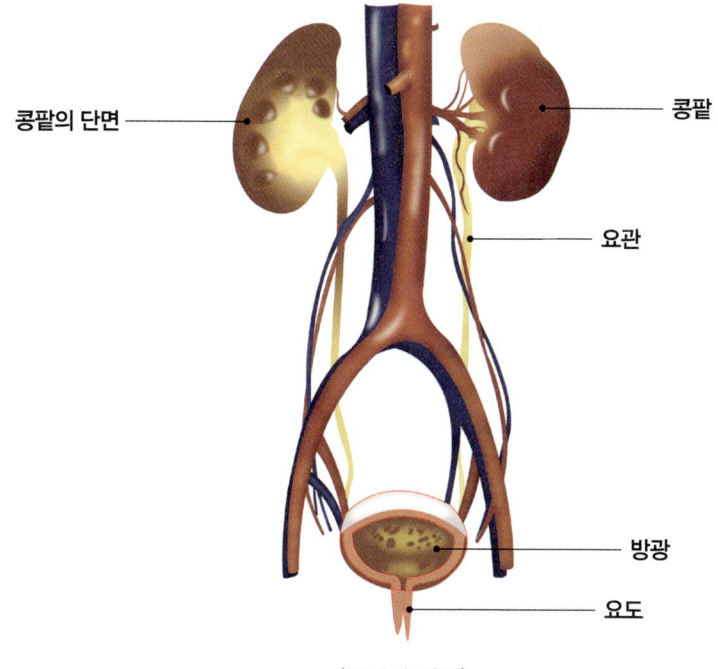

〈콩팥과 방광〉

콩팥 이식 수술과 바이오 인공 콩팥

사람은 콩팥이 하나만 있어도 살 수 있어요. 그래서 콩팥을 필요한 사람에게 기증할 수 있지요. 하지만 콩팥을 이식하는 수술은 쉬운 일이 아니에요. 우리 몸은 내 것이 아닌 물질이 몸에 들어오면 거부반응을 일으키거든요. 그래서 미리 검사를 해서 거부반응이 없을 것으로 예상되는 콩팥만을 이식할 수 있어요.

그런데 가까운 미래에는 연구실에서 배양한 바이오 인공 콩팥을 이식할 수 있을 전망이에요. 죽은 쥐의 콩팥에 단백질로 된 골격만을 남기고 이 골격에 새로운 콩팥세포를 키워 콩팥이 없는 쥐에게 이식하는 수술에 성공했답니다. 기술이 더 발전하면 사람도 거부반응이 없는 바이오 인공 콩팥을 이식받을 수 있겠죠?

잘 싸는 것이 중요해요!

똥을 시원하게 누지 못해서 고민인 친구들이 있나요? 똥을 시원하게 눌 수 있는 비법을 알려 드립니다! 그 전에 먼저 똥이 어떻게 몸 밖으로 나오는지 알아볼까요?

작은창자에서 영양소가 모두 흡수된 음식물 찌꺼기는 큰창자로 들어옵니다. 큰창자는 이 음식물 찌꺼기를 지속적인 연동운동을 통해 항문 쪽으로 밀어내요. 연동운동은 긴 주머니를 꾹꾹 눌러 주머니 안의 내용물을 밀어내는 것 같은 운동인데, 마치 지렁이가 꿈틀꿈틀 움직이는 모습 같답니다.

그런데 긴장하거나 스트레스를 받았을 때, 또는 큰창자 속의 음식물 찌꺼기에 수분이 너무 없을 때는 큰창자가 연동운동을 제대로 할 수 없어요. 이렇게 되면 변이 밀려 나오지 못하고 큰창자 안에서 딱딱하게 굳어 버리지요. 이런 상태를 변비라고 해요.

변비에 걸렸을 때는 섬유질이 많이 들어 있는 채소와 과일, 그리고 유산균이 든 요구르트를 먹어 보세요. 섬유질은 물을 흡수해 대변을 부드럽게 해 줘요. 또 유산균은 연동운동을 촉진시켜 준답니다.

반대로 연동운동이 너무 심하게 일어나면 설사가 생겨요. 설사가 났을 때는 너무 많은 수분이 몸 밖으로 빠져나가 탈수증에 걸릴 수 있으므로 물을 조금씩 자주 마셔야 한답니다.

대장이 예민하다면 '과민성 대장 증후군'

과민성 대장 증후군은 소화 기관에 특별한 병이 없는데도 배가 아프거나 배가 부풀어 꽉 찬 것 같은 불쾌한 느낌, 설사 혹은 변비 등의 증상을 느끼는 상태를 말해요. 특별한 병이 있는 것이 아니기 때문에 딱히 치료 방법도 없지요. 병이 없는데도 몸은 불편하고 게다가 치료 방법도 없다니 정말 난감하겠죠?

과민성 대장 증후군을 없애기 위해서는 스트레스를 받지 않는 것이 가장 중요해요. 또 과식을 피하고, 규칙적인 식사와 편안한 마음가짐을 가져야 하지요. 스트레스를 없애기 위해 적당한 운동과 휴식을 취하는 것도 도움이 된다고 해요.

내 몸으로 직접 실험해 보기

빨간약으로 아밀레이스 실험하기

우리 몸의 소화 효소를 간단한 실험으로 확인해 볼 수 있어요. 입안에 고이는 침과 소독할 때 쓰는 빨간약, 그리고 약간의 밥만 있으면 된답니다. 자, 준비됐나요? 침 속 아밀레이스의 소화 작용을 실험해 보아요.

<준비물>
그릇 2개, 흰쌀밥, 빨간약 (포비돈아이오딘액)

흔히 '빨간약'이라고 부르는 포비돈아이오딘액은 상처의 살균과 소독에 효과가 있어요.

① 두 개의 그릇에 밥을 조금씩 담아요.

② 한쪽 그릇의 밥을 입에 넣고 5분 이상 충분히 씹어 거의 액체 상태가 되면 다시 그릇에 뱉어요.

③ 양쪽 그릇의 밥에 빨간약을 몇 방울 떨어뜨려 색이 어떻게 변하는지 관찰해 보세요.

⭐ 결과

밥을 씹을 때 시간이 지남에 따라 밥의 느낌이나 맛은 어떻게 변했나요?

씹지 않은 밥에 빨간약을 떨어뜨리자 어떻게 변했나요?

씹은 밥에 빨간약을 떨어뜨리자 어떻게 변했나요?

⭐ 아밀레이스와 아이오딘 이야기

밥을 꼭꼭 잘 씹으면 소화가 시작돼요. 입안의 침에는 아밀레이스라는 소화 효소가 들어 있어 밥 속의 녹말을 당으로 분해하지요. 밥을 오랫동안 씹으면 단맛이 나는데 아밀레이스가 분해한 당의 맛이 느껴지기 때문이랍니다. 녹말이 당으로 분해가 되었는지는 아이오딘(요오드) 반응을 통해 확인할 수 있어요. 아이오딘은 녹말과 만나면 진한 남색으로 바뀌지만, 당과는 반응하지 않아 원래의 노란색을 띠지요. 우리가 흔히 사용하는 소독약인 빨간약은 '포비돈아이오딘액'이에요. 검붉은 색의 액체로, 피부에 바르면 노란색이 나타나요. 이 빨간약 성분 중에 아이오딘이 들어 있어서 밥 속의 녹말이 당으로 분해되었는지 확인해 볼 수 있답니다. 그러니까 빨간약을 그냥 밥에 떨어뜨리면 진한 남색이 나타나고, 씹은 밥에 떨어뜨리면 노란색이 나타나지요.

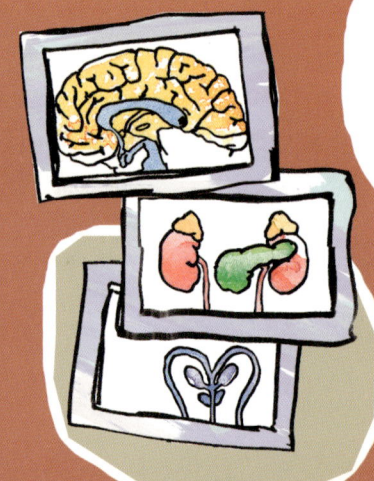

7장

호르몬과 유전

 호르몬이 뭐예요?

우리 몸은 끊임없이 변합니다. 서서히 아이에서 어른으로 또 노인으로 변하지요. 아주 짧은 시간 안에 변하는 것도 있습니다. 무서운 것을 만나면 갑자기 심장이 빨리 뛰고 땀이 나는 현상이 그렇지요. 성장과 같이 오랜 시간이 걸리는 변화는 물론 갑작스러운 몸의 변화까지, 우리 몸에 변화를 일으키는 물질이 바로 '호르몬'이에요.

호르몬은 일종의 화학 물질로, 우리 몸의 여러 부분에 어떤 일을 할지 알려 주는 신호 역할을 합니다. 호르몬은 아주 적은 양이지만 혈액 속에 녹아 우리 몸을 돌아다니면서 꼭 필요한 곳에만 신호를 준답니다.

호르몬이 나오는 샘을 내분비샘이라고 해요. 우리 몸에는 6가지의 중요한 내분비샘이 있어요. 뇌에 있는 시상하부와 뇌하수체, 목에 있는 갑상선, 배 속에 있는 부신과 이자, 그리고 생식 기관이지요. 특히 시상하부는 호르몬 전체를 조절하는 역할을 하는 중요한 내분비샘이에요.

우리 몸에서는 20가지가 넘는 호르몬이 만들어져요. 어떤 호르몬은 우리 몸이 균형을 유지하도록 서로 쌍을 이루어 작용하는데, 그 대표적인 것으로는 인슐린과 글루카곤이 있어요. 인슐린은 혈액 속 당의 양을 줄이고, 글루카곤은 당의 양을 늘리는 역할을 하는데, 둘이 쌍을 이뤄 혈액 속의 당을 일정하게 유지하려 한답니다.

플러스 인체 상식

호르몬(hormone)은 '자극하다'라는 뜻의 그리스어 호르메(horme)에서 따온 말이에요.

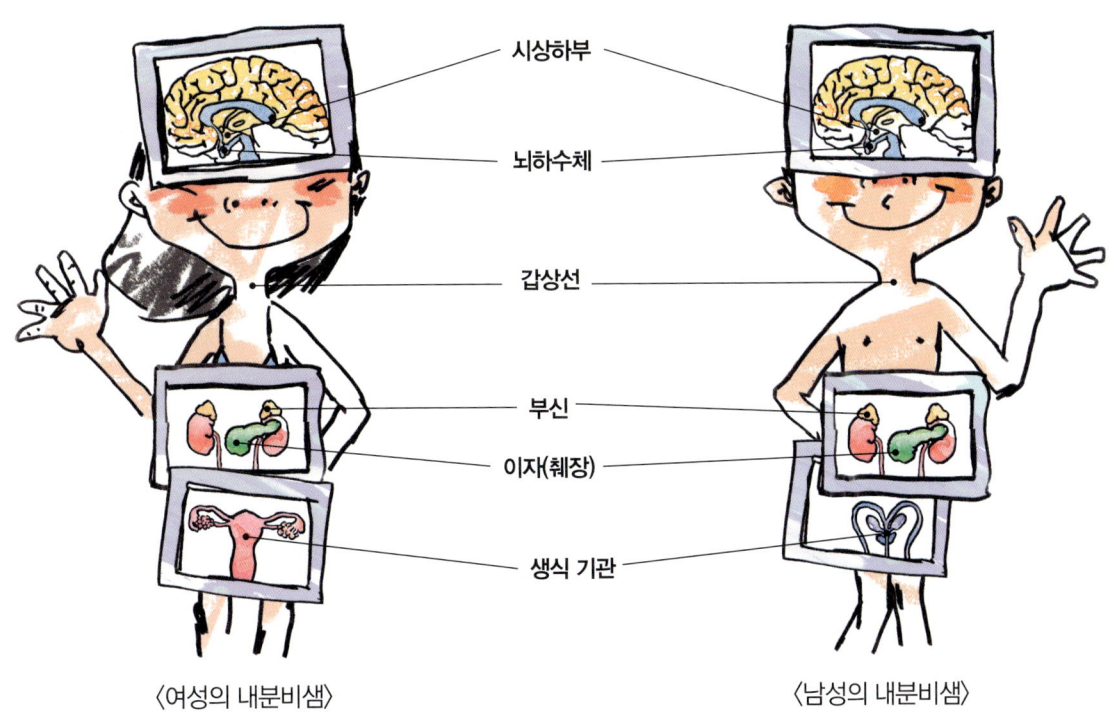

〈여성의 내분비샘〉 〈남성의 내분비샘〉

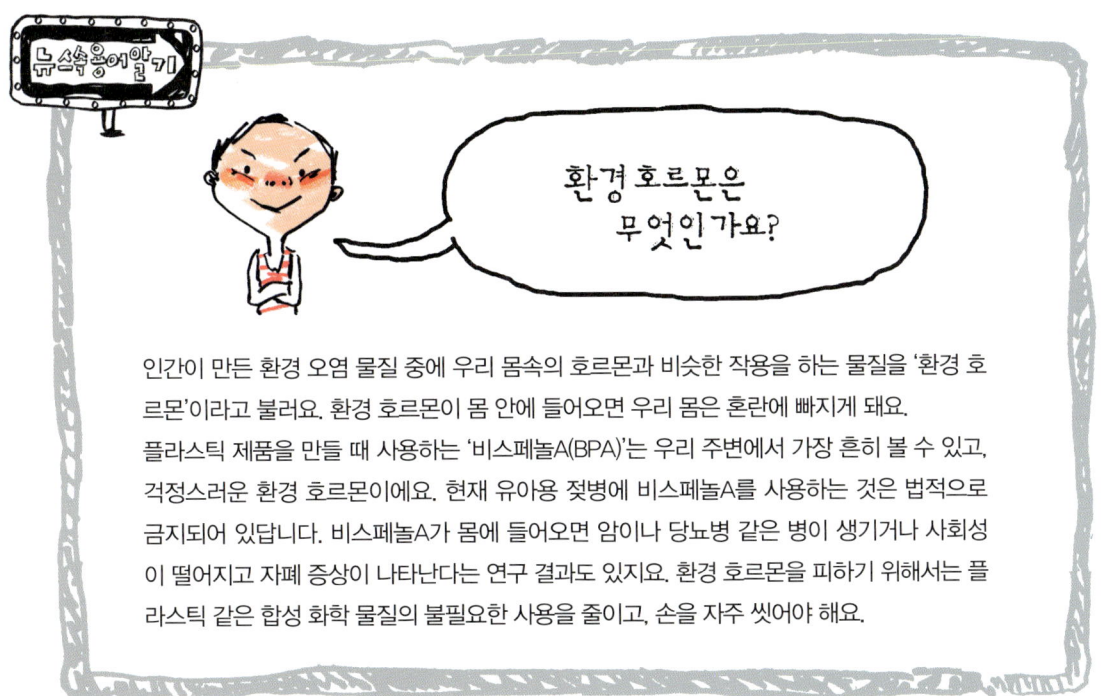

환경 호르몬은 무엇인가요?

인간이 만든 환경 오염 물질 중에 우리 몸속의 호르몬과 비슷한 작용을 하는 물질을 '환경 호르몬'이라고 불러요. 환경 호르몬이 몸 안에 들어오면 우리 몸은 혼란에 빠지게 돼요.
플라스틱 제품을 만들 때 사용하는 '비스페놀A(BPA)'는 우리 주변에서 가장 흔히 볼 수 있고, 걱정스러운 환경 호르몬이에요. 현재 유아용 젖병에 비스페놀A를 사용하는 것은 법적으로 금지되어 있답니다. 비스페놀A가 몸에 들어오면 암이나 당뇨병 같은 병이 생기거나 사회성이 떨어지고 자폐 증상이 나타난다는 연구 결과도 있지요. 환경 호르몬을 피하기 위해서는 플라스틱 같은 합성 화학 물질의 불필요한 사용을 줄이고, 손을 자주 씻어야 해요.

 # 키는 몇 살까지 자라요?

갓난아기에서 어른으로 자라는 데는 20년 정도의 시간이 걸립니다. 그동안 키는 약 3배 커지고 몸무게는 20배가 넘게 늘어나지요.

뇌 속의 뇌하수체가 만드는 성장 호르몬의 명령으로 뼈와 근육이 자라면서 키가 쑥쑥 크게 됩니다. 사람의 키는 부모님에게 물려받은 유전자가 많은 영향을 미칩니다. 하지만 키가 잘 클 수 있도록 영양소를 골고루 섭취하는 것도 무척 중요하지요.

키는 몇 살까지 자라는 걸까요? 드문 경우지만 약 25세까지도 자랄 수 있다고 해요. 그런데 사춘기가 너무 빨리 오면 키의 성장도 일찍 멈출 수 있어요. 병원에 가서 성장판 검사 등의 진단을 통해 키가 너무 작을 것으로 예상되면 성장 호르몬을 맞기도 해요. 성장판은 뼈의 성장을 담당하는 부분으로, 검사를 해 보면 어른이 됐을 때의 키를 예상해 볼 수 있지요. 참고로 성장 호르몬을 먹는 것은 아무 소용이 없어요. 성장 호르몬은 단백질이기 때문에 먹어서 위에 들어가면 모두 소화되어 버린답니다. 그래서 주사로 맞는 거지요.

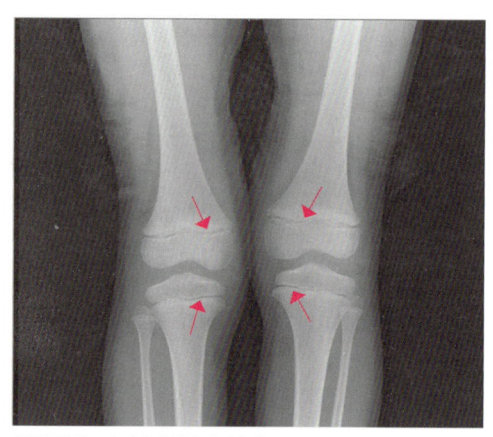

성장판은 뼈의 끝부분에 있어요.

성장통은 성장기에 특별한 이상 없이 다리의 근육이나 무릎이 아픈 것을 말해요. 저절로 없어지기 때문에 별다른 치료가 필요하지는 않아요.

부모님의 키로 내 키를 예상해 봐요

난 앞으로 얼마나 클까요? 키에 대해 가장 궁금한 부분일 거예요. 키에는 다양한 요인이 영향을 미치기 때문에 어른이 됐을 때의 키를 정확하게 알 수는 없어요. 하지만 부모님에게서 물려받은 유전자가 키에 미치는 영향만을 고려해서 키를 예측해 볼 수는 있답니다. 나중에 내가 얼마나 클지 예상해 볼까요? 유전적인 예측 키를 계산하는 다음 공식에 부모님의 키를 넣어 보세요. 예를 들어 아빠가 175cm, 엄마가 160cm라고 가정해 봐요. 두 분의 키 평균 175+160÷2인 167.5에 남자라면 6.5를 더해 174cm, 여자라면 6.5를 뺀 161cm를 어른이 됐을 때의 키로 예상해 볼 수 있답니다.

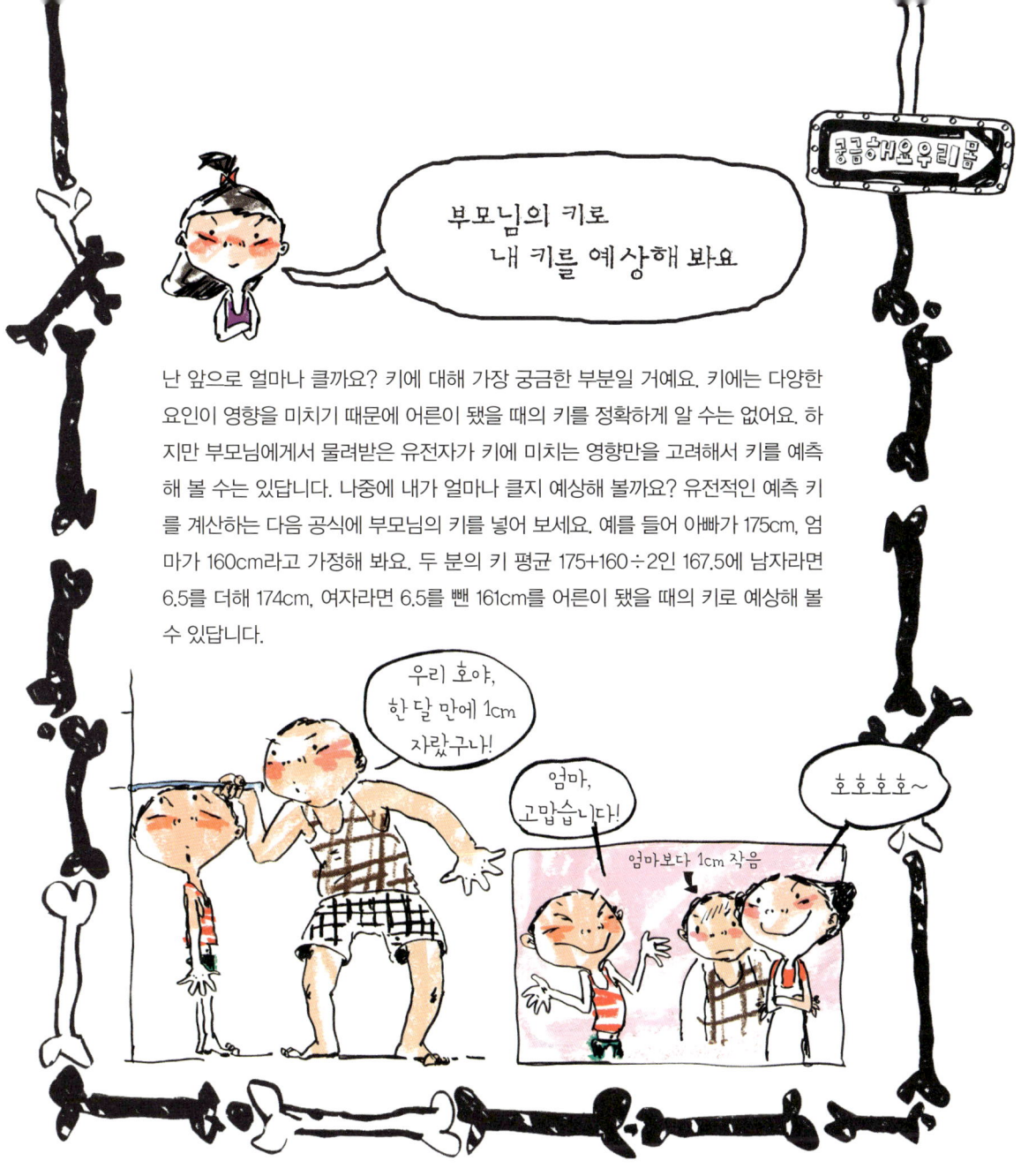

성장 호르몬은 성장이 모두 끝난 어른들에게도 적당량 분비됩니다. 성장 호르몬이 노화를 방지해 주는 것은 물론, 뚱뚱해지는 것을 막아 주고 신체에 활력을 주는 역할도 한답니다.

 # 아이에서 어른으로, 사춘기

어느 날 갑자기 목소리가 이상해지거나 가슴이 커진다고 해도 놀라지 마세요. 누구나 겪는 사춘기가 시작된 것이니까요.

사춘기가 되면 남자는 턱과 겨드랑이, 그리고 생식기 주변에 털이 자라요. 가슴과 어깨, 생식기가 커지고, 목소리도 굵고 낮아지지요. 여자는 가슴과 엉덩이가 커지고 겨드랑이와 생식기 주변에 털이 자라요. 월경도 시작하게 됩니다. 남자든 여자든 사춘기 때는 키가 많이 자라게 되는데, 일 년 사이에 남자는 평균 10cm, 여자는 7cm 이상 훌쩍 자란답니다.

이 모든 변화는 성 호르몬 때문이에요. 여자는 난소에서 '에스트로겐'이라는 여성 호르몬이, 남자는 고환에서 '테스토스테론'이라는 남성 호르몬이 나와서 아이에서 어른의 몸으로 변하지요.

사춘기 때는 마음에도 큰 변화를 겪게 됩니다. 감수성이 예민해지고 갑자기 짜증이 많아지기도 하고 이성 친구에 관심이 가거나 야한 사진이 보고 싶어질 수도 있어요. 사춘기를 '질풍노도의 시기'라고도 불러요. 질풍노도란 '강한 바람과 성난 파도'라는 뜻으로, 사춘기 때는 그만큼 감정이 급격하게 변한다는 의미예요.

사춘기 때 몸과 마음의 변화는 어른이 되기 위한 자연스러운 과정으로 결코 부끄러운 일이 아니랍니다.

'질풍노도의 시기'라는 말을 처음 사용한 미국의 발달심리학자 스탠리 홀

사춘기에는 호르몬 탓에 피지선에서 기름의 분비가 늘어나고, 모낭 입구가 비정상적인 각질로 덮이면서 여드름이 생기기도 한답니다.

너무 빠른 사춘기, '성 조숙증'

성 조숙증은 성 호르몬이 너무 어린 나이에 분비돼서 사춘기를 일찍 겪게 되는 증상이에요. 여자의 경우 만 8세 이전에 가슴이 발달되기 시작하고, 만 9년 6개월 이전에 초경이 시작되면 성 조숙증일 가능성이 높아요. 남자는 만 9세 이전에 고환이 작은 호두 크기로 커졌을 경우 성 조숙증일 수 있지요.

성 조숙증으로 사춘기가 빨라지는 것도 문제지만 성장판이 빨리 닫혀서 일찍 성장이 멈추는 것 또한 문제예요. 성 조숙증을 치료하지 않을 경우 어른이 됐을 때 키가 여자는 150cm, 남자는 160cm 안팎에 머무를 수 있어요. 병원에서 성 조숙증으로 진단받은 경우에는 성 호르몬 분비를 억제하는 호르몬 치료를 받는 것이 좋답니다.

 # 여자는 왜 월경을 해요?

여성 호르몬이 활발하게 분비되는 사춘기가 되면 여자는 난소에서 한 달에 한 개씩 난자를 내보냅니다. 난자는 태어날 때부터 이미 난소 안에 가지고 있던 것으로 일생 동안 약 400~500개가 나오게 되지요. 난자는 정자와 만나 '수정란'을 만드는데, 수정란이 자궁의 벽에 붙어 자라면 아기가 되는 거랍니다. 한 달에 한 번 난자가 나올 때가 되면 자궁은 수정란을 아기로 키울 준비를 하려고 자궁의 벽을 도톰하게 만들어 둡니다. 하지만 수정란이 자궁 벽으로 오지 않으면 두꺼워졌던 자궁 벽이 허물어져서 피처럼 되어 질 밖으로 흘러나오게 되지요. 이것이 바로 '월경'이에요. 월경은 약 28일을 주기로 반복된답니다.

월경을 할 때는 배가 아픈 생리통이 생기거나 평소와는 다른 기분이 되기도 합니다. 하지만 너무 두려워할 필요는 없어요. 이 모든 과정은 건강한 여성이라면 누구나 겪게 되는 자연스러운 현상이니까요.

월경이 시작되기 전 두통이나 불안, 초조, 불면증 등 심리적 불안을 겪는 것을 '생리전 증후군'이라고 해요.

여자는 월경,
남자는 몽정?

사춘기가 되면 남자들도 월경만큼 색다른 경험을 하게 됩니다. 바로 '몽정'이라는 것이죠. 성적인 자극에 의해 정자가 든 액인 정액이 몸 밖으로 나오는 것을 사정이라고 하는데, 몽정은 잠을 자면서 자기도 모르게 사정하는 경우를 말해요. 몽정은 사춘기 때 나타났다가 어른이 되면 자연스럽게 사라진답니다. 몽정 역시 너무 부끄럽게 생각하지 않아도 돼요. 사춘기에 성 호르몬이 분비되기 시작하면서 자연스럽게 경험하는 현상 중 하나일 뿐이니까요.

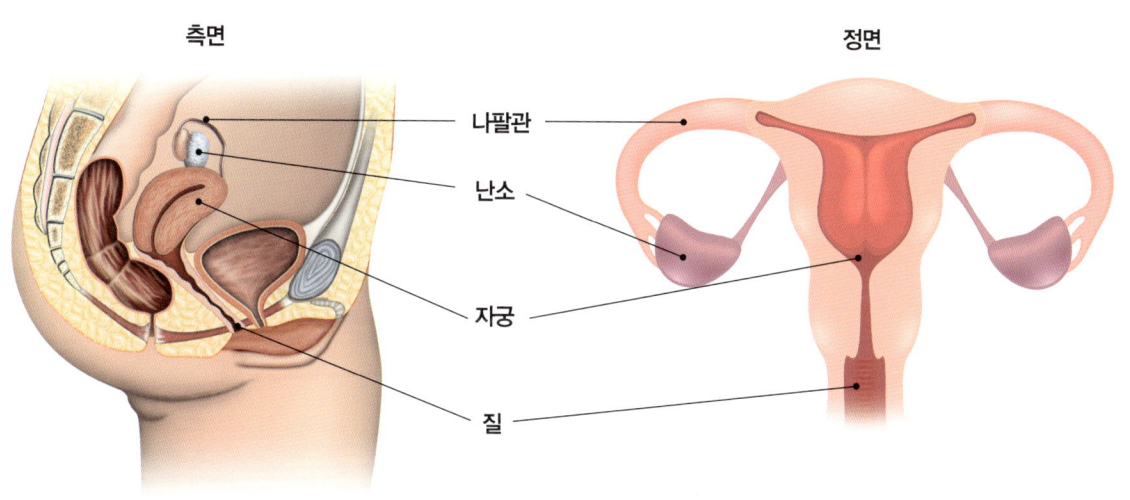

측면   정면

나팔관
난소
자궁
질

〈여자의 생식 기관〉

 남자는 왜 포경 수술을 해요?

남자의 생식 기관 중 가장 중요한 곳인 고환과 음경에 대해 알아볼까요? 고환은 몸 밖으로 나와 있는 달걀 모양의 기관이에요. 고환에서는 정자가 만들어지는데, 정자는 크기가 0.1mm도 되지 않아요. 정자는 둥근 머리에 긴 꼬리를 달고 있는 올챙이처럼 생겼는데, 꼬리를 이용해 난소를 향해 헤엄쳐 간답니다.

음경은 오줌이 나오는 길인 동시에 정자가 나오는 길이기도 해요. 음경이 여자의 질 속으로 들어가서 정자가 자궁 안으로 이동할 수 있게 해 준답니다. 음경의 머리 부분을 귀두라고 하는데, 이 귀두를 둘러싼 피부 조

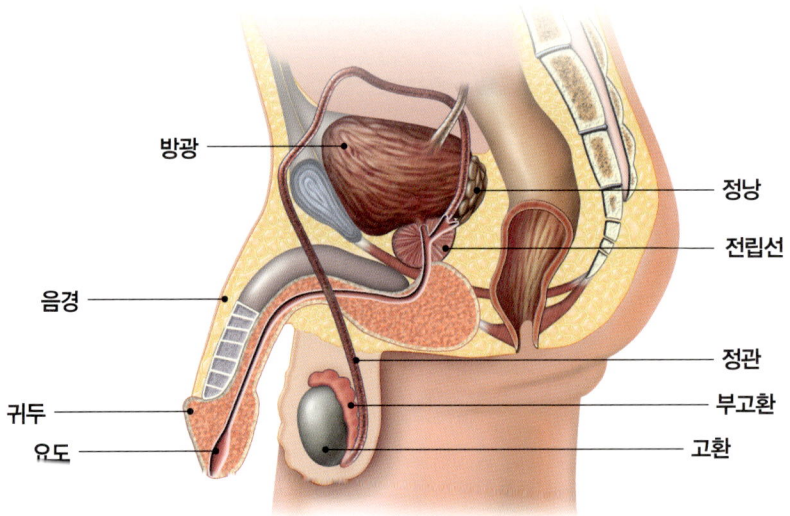

〈남자의 생식 기관〉

직인 포피를 잘라 내는 수술이 '포경 수술'이에요. 포경 수술을 하는 이유는 포피 밑에 지저분한 물질이 쌓여 병에 걸리는 것을 방지하기 위해서지요.

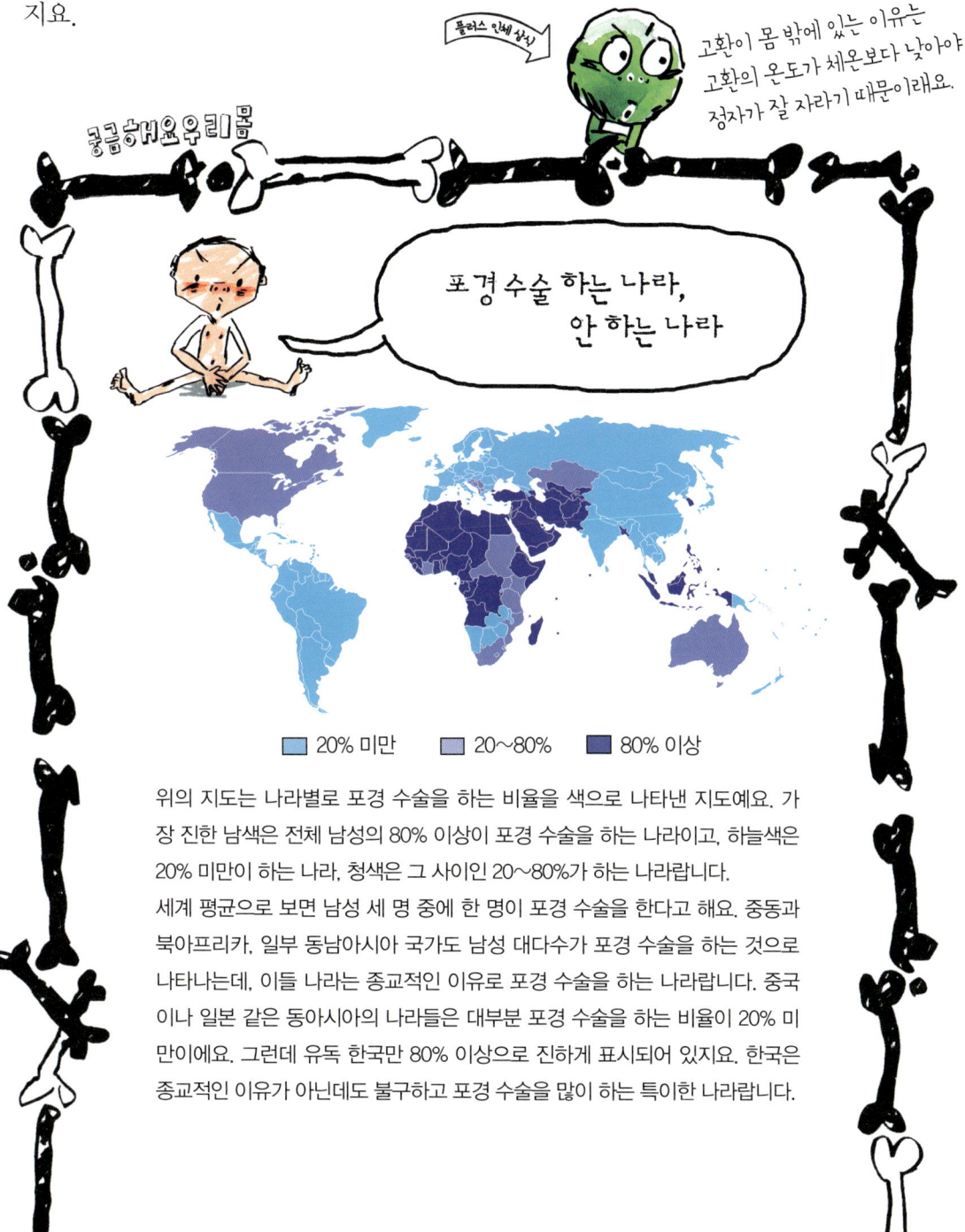

고환이 몸 밖에 있는 이유는 고환의 온도가 체온보다 낮아야 정자가 잘 자라기 때문이래요.

포경 수술 하는 나라, 안 하는 나라

■ 20% 미만   ■ 20~80%   ■ 80% 이상

위의 지도는 나라별로 포경 수술을 하는 비율을 색으로 나타낸 지도예요. 가장 진한 남색은 전체 남성의 80% 이상이 포경 수술을 하는 나라이고, 하늘색은 20% 미만이 하는 나라, 청색은 그 사이인 20~80%가 하는 나라랍니다.
세계 평균으로 보면 남성 세 명 중에 한 명이 포경 수술을 한다고 해요. 중동과 북아프리카, 일부 동남아시아 국가도 남성 대다수가 포경 수술을 하는 것으로 나타나는데, 이들 나라는 종교적인 이유로 포경 수술을 하는 나라랍니다. 중국이나 일본 같은 동아시아의 나라들은 대부분 포경 수술을 하는 비율이 20% 미만이에요. 그런데 유독 한국만 80% 이상으로 진하게 표시되어 있지요. 한국은 종교적인 이유가 아닌데도 불구하고 포경 수술을 많이 하는 특이한 나라랍니다.

 나도 엄마 배 속에 있었어요!

우리는 정자와 난자가 만나서 만든 하나의 세포로 시작해서 엄마 배 속에서 자라 세상에 태어났어요. 이 신비한 과정을 자세히 알아볼까요?

사람은 염색체가 46개 있어요. 정자와 난자는 염색체가 23개뿐이지요. 난자는 엄마의 유전자를 절반 가지고 있고, 정자는 아빠의 유전자를 절반 가지고 있는 거예요. 난자와 정자가 만나는 것을 '수정'이라고 하는데, 수정이 되면 완전한 유전자를 가진 하나의 세포인 '수정란'이 될 수 있어요. 수정란은 자궁 안쪽 벽에 붙는 '착상'을 해야만 자라서 아기가 될 수 있지요. 정자와 난자가 만나 아기가 되어 약 9개월 동안 자궁 속에서 자라는 이 모든 과정이 바로 '임신'이랍니다.

임신 기간 동안 아기는 양수라는 따뜻한 물로 가득 찬 편안하고 안락한 방에서 지냅니다. 아기는 엄마와 탯줄로 연결되어 있는데, 이 탯줄을 통해 엄마로부터 영양분과 산소를 받으며 자라지요.

태어날 준비가 된 아기는 머리를 아래쪽으로 하고 탄생을 기다립니다. 아기가 태어날 때는 자궁의 근육이 주기적으로 수축하면서 아기를 밖으로 밀어냅니다. 그런데 아기가 머리를 아래쪽으로 하고 있지 않

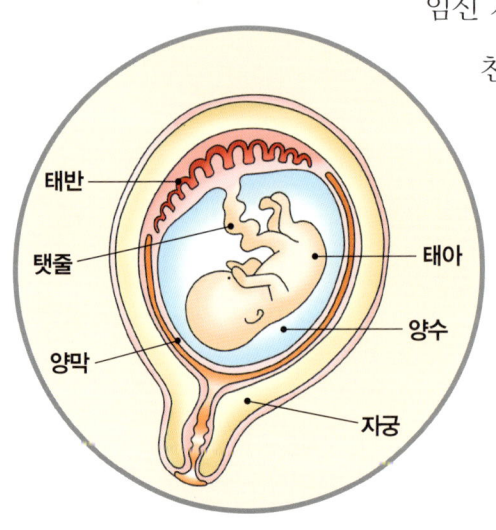

〈엄마 배 속 태아의 모습〉

거나, 엄마의 태반이 아기가 나오는 곳을 막고 있는 경우, 배 속의 아기에게 이상이 있는 경우 등은 제왕절개라는 수술을 통해 아기를 꺼내기도 해요. 엄마의 몸 밖으로 나온 아기는 큰 소리로 울면서 드디어 스스로 숨을 쉬게 된답니다.

인큐베이터는 보육기라고도 하는데, 체중 2kg 이하의 덜 자란 아기나 호흡장애 등의 이상 증세를 보이는 아기가 안락하고 따뜻하게 지낼 수 있게 해 주는 장치예요.

시험관 아기가 뭔가요?

엄마의 몸속이 아니라 시험관 안에서 정자와 난자를 만나게 해서 수정란을 만들고, 이 수정란을 엄마의 자궁 속에 넣어 임신이 되게 할 수 있어요. 이런 과정을 거쳐 태어난 아기를 시험관 아기라고 하지요. 수정란이 잘 만들어지지 않아서 임신이 어려웠던 사람들도 이런 도움을 받으면 아기를 가질 수 있어요. 최초의 시험관 아기는 1978년 영국에서 태어났다고 해요. 우리나라에서는 1985년에 한국 최초의 시험관 아기 쌍둥이가 태어났답니다.

인공적으로 난자에 정자를 넣어 수정란을 만들어요.

# 우리는 왜 부모님을 닮았을까요?

"눈은 엄마를 닮고 코는 아빠를 닮았구나!" 엄마와 아빠를 닮았다는 이야기를 들어 본 적이 있나요? 우리는 왜 부모님을 닮았을까요?

그 이유는 바로 '유전' 때문이에요. 유전은 부모님이 가지고 있는 유전자가 자식에게 전해지는 것을 말해요. 우리는 엄마의 유전자 절반과 아빠의 유전자 절반을 받아 태어났지요. 유전자는 우리의 외모와 성장에 대한 정보를 담고 있는 설계도와 같은 것이에요. 그래서 우리는 부모님의 생김새는 물론 머리카락 색깔과 목소리, 키와 몸무게 등을 닮게 되는 것이랍니다.

유전은 지금으로부터 150여 년 전, 오스트리아의 수도사이자 유전학자인 멘델이라는 사람이 발견했어요. 멘델은 수도원의 정원에서 콩을 키웠는데, 여러 가지 다른 모양의 콩을 교배해서 키우다가 유전을 발견했답니다. 멘델은 유전이 될 때 특성이 좀 더 강하게 나타나는 '우성'과 약해서 잘 나타나지 않는 '열성'이 있다는 것도 알아냈어요. 사람의 경우 쌍꺼풀이나 갈색 머리, 보조개는 우성이고 금색 머리는 열성이지요. 그가 발견한 유전의 법칙을 '멘델의 법칙'이라고 부른답니다.

유전 법칙을 발견한 멘델

유전자를 이루는 DNA는 '디옥시리보핵산(Deoxyribo Nucleic Acid)'의 영문 앞글자에서 따온 말이에요.

유전자 조작과 유전자 복제

유전자 조작은 유전자를 자르고 붙여 원하는 유전자를 만드는 일이에요. 예를 들어 사람 몸에서 인슐린을 생산하게 하는 유전자를 잘라 대장균의 DNA에 결합시키고, 이것을 다시 대장균에 넣어 증식시키면 대장균이 인간의 인슐린을 만들 수 있지요.

유전자 복제는 한 세포의 DNA를 그대로 복제해서 똑같은 유전자를 가진 세포를 하나 더 만드는 것을 말해요. 과학자들은 이 방법으로 세포뿐만 아니라 닭이나 개, 고양이 같은 동물들을 복제하는 데 성공하기도 했어요. 유전자 조작과 유전자 복제는 찬성하는 의견과 반대하는 의견이 서로 팽팽하게 맞서고 있답니다.

세계 최초의 복제 포유동물인 '돌리'라는 이름의 양

 똑같은 쌍둥이, 서로 다른 쌍둥이

쌍둥이라고 하면 생김새가 똑같이 생긴 형제나 자매가 생각나지요? 하지만 서로 다르게 생긴 쌍둥이도 있어요. 쌍둥이지만 성별이 다를 수도 있고요.

서로 똑같이 생긴 쌍둥이는 '일란성 쌍둥이', 서로 다르게 생긴 쌍둥이는 '이란성 쌍둥이'라고 해요. 일란성 쌍둥이는 하나의 수정란이 두 개로 쪼개져서 두 명의 아이가 되는 것으로 유전자가 서로 같아요. 그래서 생김새도 똑같지요. 일란성 쌍둥이들은 성격이나 취향이 비슷하기도 해요.

일란성 세쌍둥이

태어나자마자 헤어져 각각 다른 가정에서 자란 일란성 쌍둥이들을 조사한 결과, 서로 취미가 같거나 직업이 같은 경우도 있었답니다.

이란성 쌍둥이는 두 개의 난자가 두 개의 정자를 만나 각기 다른 두 개의 수정란이 만들어져서 아기가 된 것을 말해요. 그래서 이란성 쌍둥이는 유전자가 서로 다르지요. 유전자가 다르기 때문에 생김새는 물론 성별도 다를 수 있답니다.

일란성 쌍둥이와 이란성 쌍둥이가 함께 태어나는 세쌍둥이도 있어요. 또 흑인과 백인 부모 사이에서 흑인 아기와 백인 아기가 이란성 쌍둥이로 태어나기도 해요. 흑백 쌍둥이가 태어날 확률은 수백만 분의 1 수준으로 매우 드물답니다.

유전자가 같아도 지문과 홍채 그리고 똥이 달라요!

같은 유전자를 가지고 태어난 일란성 쌍둥이라고 해도 지문의 모양과 홍채의 무늬는 달라요. 그래서 지문과 홍채는 신체를 열쇠처럼 사용하는 생체인식의 수단으로 쓰이지요. 그런데 똥도 지문이나 홍채처럼 사람을 구분하는 데 활용할 수 있다는 재미있는 연구가 있어요.
유명한 과학 잡지 「네이처」에는 유전자가 같은 일란성 쌍둥이들도 똥으로 나오는 대장 속 바이러스가 서로 전혀 다르다는 논문이 실렸답니다. 지문으로 문을 여는 대신 똥으로 생체인식을 해서 문을 열 수도 있다니, 상상만 해도 재미있네요.

내 몸으로 직접 실험해 보기

나는 누구를 닮았을까요?

유전자는 부모님께 물려받은 것이에요. 그래서 엄마, 아빠를 골고루 닮게 되지요. 나는 엄마, 아빠의 어디 어디를 닮았을까요? 가족들과 함께 찾아볼까요?

<실험 방법>

① 아빠의 외모 특징을 적어 보세요. 머리카락 색깔, 곱슬머리인지 아닌지, 눈썹과 눈, 코와 입의 모양은 물론 키와 체형 등도 자세하게 적어 보세요.

② 엄마의 외모 특징도 적어 보세요. 부모님의 특징을 적으면서 부모님 외모의 특징은 할아버지와 할머니 중 누구를 닮은 것인지 물어보는 것도 재미있겠죠?

③ 내 외모의 특징도 적어 보세요. 그리고 아빠와 엄마의 외모 특징 중 어떤 쪽을 닮은 것인지 표시해 보세요. 또 아빠와 엄마 중 누구를 더 닮았는지도 비교해 보세요.

④ 부모님과 나의 사진을 붙여 놓고 비교해 보세요.

아빠	엄마

나

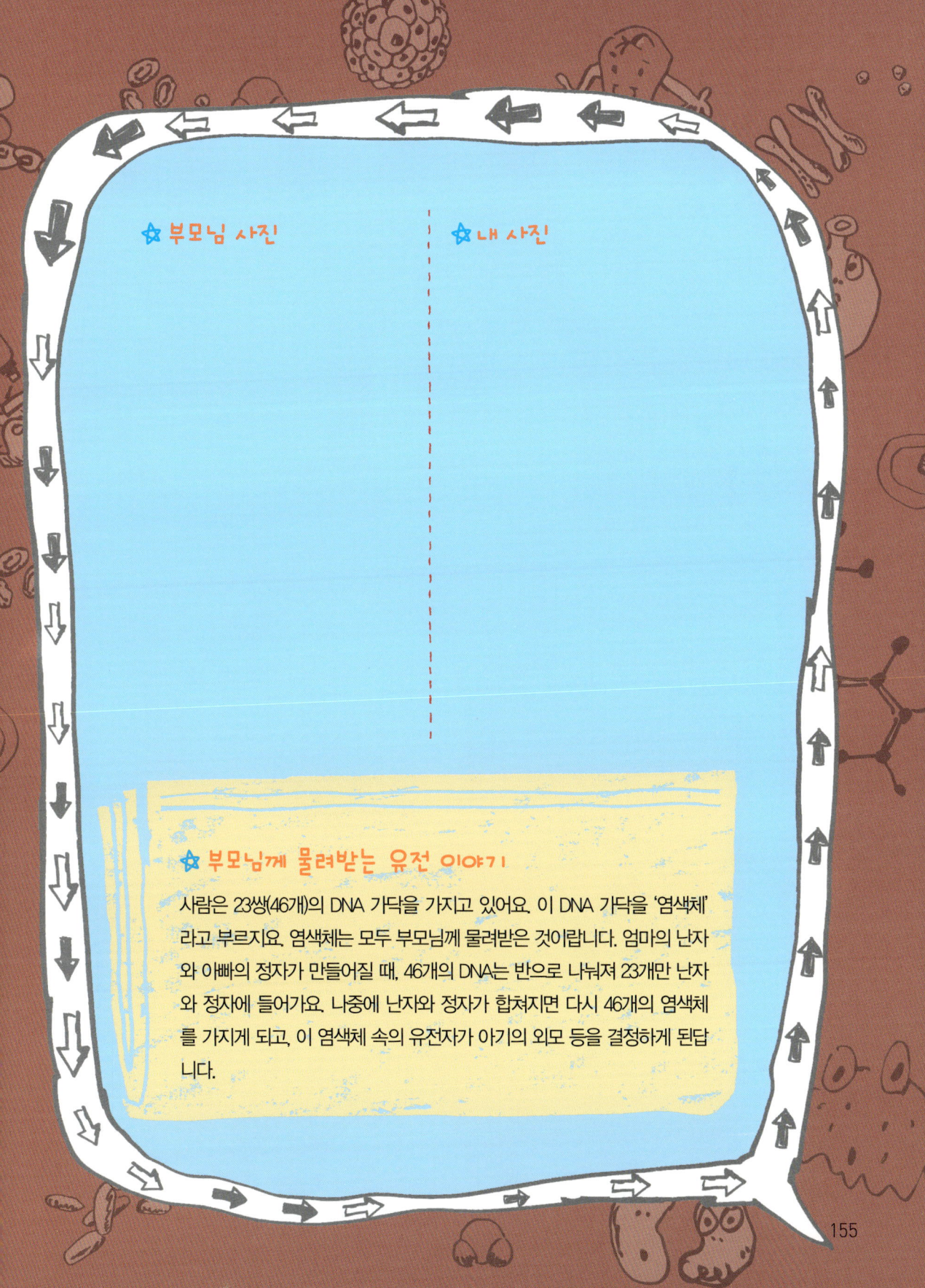

✪ 부모님 사진　　　　　✪ 내 사진

✪ 부모님께 물려받는 유전 이야기

사람은 23쌍(46개)의 DNA 가닥을 가지고 있어요. 이 DNA 가닥을 '염색체'라고 부르지요. 염색체는 모두 부모님께 물려받은 것이랍니다. 엄마의 난자와 아빠의 정자가 만들어질 때, 46개의 DNA는 반으로 나눠져 23개만 난자와 정자에 들어가요. 나중에 난자와 정자가 합쳐지면 다시 46개의 염색체를 가지게 되고, 이 염색체 속의 유전자가 아기의 외모 등을 결정하게 된답니다.

8장

튼튼한 몸, 건강한 생활

# 몸이 고장 났어요!

갑자기 열이 나고 몸이 아픈 적이 있지요? 때로는 우리 몸도 고장이 날 수 있어요. 우리 몸에 고장이 나면 우리는 병에 걸리게 됩니다.

우리 몸이 고장 나게 되는 몇 가지 대표적인 이유는 다음과 같아요. 첫 번째는 영양 불균형입니다. 특정 영양소를 과하거나 혹은 부족하게 섭취하는 경우 병에 걸릴 수 있어요. 두 번째는 베이거나 뼈가 부러지는 등의 상해, 세 번째는 각 기관의 이상입니다. 위나 심장, 콩팥 같은 기관들이 제대로 일을 하지 못할 경우 병에 걸리게 되지요.

네 번째는 암이에요. 암은 갑자기 세포가 너무 빠르게 증식해서 종양이라는 덩어리를 만들어서 생겨요. 종양이라고 해도 천천히 자라고 주변 조직을 망가뜨리지 않는 '양성' 종양은 큰 문제가 없어요. 하지만 암을 일으키는 '악성' 종양은 빠르게 자라 주변 조직을 망가뜨리며 우리 몸의 여러 기관을 공격해 제대로 일을 하지 못하게 만들지요.

다섯 번째는 유전병이에요. 유전자에 이상이 생겨 발생하는 병이지요. 여섯 번째는 알레르기예요. 꽃가루나 동물의 털 같은 특정 물질에 과민 반응을 일으키는 현상이지요. 일곱 번째로 정신질환은 사람의 기분이나 행동에 영향을 주는 병이랍니다.

마지막으로 병원체의 침입으로 병에 걸릴 수 있어요. 다친 부위에 생기는 작은 염증부터 피부병이나 기생충, 감기와 에이즈까지 어떤 병원체가 침입하느냐에 따라 다양한 병에 걸리게 된답니다.

감기는 아직까지 특별한 치료 방법이 없어요. 우리가 흔히 먹는 감기약은 감기 바이러스를 없애는 약이 아니라 열이나 기침 같은 감기 증상을 치료하는 약이지요.

고장 난 몸을 고치는 '의학'

의학은 건강을 유지하고 질병을 예방, 치료하는 방법을 연구하는 학문입니다. 의학의 발전으로 병에 걸리면 약을 먹거나 수술을 통해 병을 치료할 수 있는 것은 물론, 예방주사처럼 병에 걸리기 전에 병을 예방하는 방법도 개발되었지요. 최근에는 개인의 유전자를 분석해 어떤 질병에 걸릴 확률이 높은지 미리 알아내고 대처하는 방법까지도 가능하게 되었어요.
그러나 의학의 눈부신 발전에도 불구하고 아직까지 우리 몸에 생긴 모든 문제를 해결해 주지는 못해요. 그래서 의사와 과학자들은 끊임없이 의학을 연구하며 질병과 싸우고 있답니다.

 잠이 부족하면 어떻게 돼요?

 재미있는 텔레비전 프로그램을 보거나 컴퓨터나 휴대전화 게임을 하느라고 밤에도 잠을 자지 않고 있나요? 하루에 3분의 1을 잠으로 보내는 것이 아깝게 느껴진다고요? 하지만 잠을 잘 자는 것은 우리 몸을 건강하게 유지하기 위해 꼭 필요한 일이랍니다.
 사람은 하룻밤만 잠을 못 자도 기억력과 집중력이 떨어지고 기운이 없어져요. 사흘이 넘도록 잠을 못 자면 판단을 올바로 내릴 수도 없지요. 잠을 자지 않으면 성장 호르몬이 충분히 나오지 못해서 키도 잘 자라지 않는답니다.
 시험이 다가오면 잠을 안 자고 공부하는 친구들도 많아요. 하지만 적당히 잠을 자는 것이 오히려 시험에 도움이 된답니다. 실제로 잠을 푹 잔 사람들이 시험 문제를 더 잘 푼다는 연구 결과가 있어요. 사람들에게 수학 문제를 풀게 한 뒤, 그들을 두 집단으로 나누어 한 집단은 8시간 잠을 재우고 나머지 집단은 잠을 재우지 않았어요. 다음 날 수학 문제를 다시 풀게 하자 잠을 잔 사람들은 잠을 못 잔 사람들보다 문제를 두 배나 더 잘 풀었지요. 또 외국어를 공부할 때 잠을 충분히 잔 사람들이 새로운 단어를 더 잘 기억한다는 연구 결과도 있어요. 잠이 공부에 도움이 되는 이유는 잠을 자는 동안 기억들이 저장되고 정리되기 때문이랍니다.
 그렇다면 잠은 얼마나 자야 할까요? 잠을 얼마나 자야 하는지는 사람마다 차이가 있어요. 천재 물리학자 아인슈타인의 경우 하루에 10시간 이상씩 잤다고 하네요. 보통 사람은 6~8시간 정도 잠을 자야 한다고 해요. 낮에 피곤하다는 느낌이 들지 않을 만큼 적당히 자면 된답니다.

사람은 잠을 자면서 일 년에 천 번 이상 꿈을 꾸지만 대부분의 꿈을 잊는다고 해요.

궁금해요 우리 몸

잠 안 자면 뚱뚱해진다?

잠을 적게 잘수록 뚱뚱해진다는 사실, 알고 있나요? 연구에 의하면 잠을 4시간 이하로 자는 사람은 7~9시간을 자는 사람에 비해 비만이 될 확률이 73%나 높은 것으로 나타났어요. 잠이 부족하면 '렙틴'이라는 식욕을 줄이는 호르몬의 분비가 억제되기 때문이지요. 또 깨어 있는 시간이 길수록 간식을 먹을 기회도 많아지기 때문에 많이 먹고 뚱뚱해지는 것이랍니다. 날씬해지고 싶다면 잠을 충분히 자도록 하세요.

미인은 잠꾸러기? 그게 내 얘기야~

# 운동을 해야 하는 이유

운동을 왜 해야 할까요? 우선 운동을 하면 폐가 튼튼해져요. 한 번에 들이마시고 내쉬는 공기의 양인 폐활량이 늘어나고, 들이마신 공기가 온몸으로 잘 퍼지게 되지요.

또한 운동은 심장을 강하게 해요. 운동을 하면 심장이 평소보다 빠르고 세게 뛰면서 심장의 근육이 강해져요. 평소에 운동을 하는 사람들은 보통 사람보다 심장이 뛰는 횟수가 더 적은데, 적게 움직여도 충분히 많은 혈액을 온몸으로 보낼 수 있을 만큼 심장이 강하기 때문이랍니다.

줄넘기, 달리기, 수영, 축구 같은 운동은 우리 몸에 더 많은 산소를 공급하게 해요. 이런 운동을 '유산소 운동'이라고 하지요. 유산소 운동은 우리 몸에 과도하게 쌓인 지방을 태워 버리고 근육 섬유를 튼튼하게 한답니다. 운동을 하면 면역력도 높아져요. 면역력이 높아지면 우리 몸에 침입하는 병원체를 쉽게 물리칠 수 있지요.

유산소 운동

그뿐만이 아니에요. 운동을 하면 스트레스가 줄어들고 뇌가 즐거워집니다. 운동을 할 때 뇌에서 고통을 줄여 주는 물질인 '엔도르핀'이 많이 나오거든요. 실내에서 컴퓨터 게임만 하지 말고 친구들과 밖에 나가 즐겁게 뛰어놀아 보세요. 뛰어노는 것은 아주 좋은 운동 방법이랍니다.

운동하면 성적이 오른다?

운동하면 성적이 올라요. 못 믿겠다고요? 운동이 성적을 높인다는 사실은 뇌과학으로 증명되었답니다. 운동을 하면 뇌에 공급되는 피의 양이 많아지면서 뇌가 사용할 수 있는 산소와 포도당이 증가해 신경세포가 더 활발하게 활동할 수 있어요. 운동을 하면 뇌세포도 더 많이 재생돼요. 뇌세포가 재생되기 위해서는 '뇌유래 신경성장인자'라는 것이 필요한데, 운동을 하면 뇌유래 신경성장인자의 수치가 높아진답니다. 이 밖에도 운동을 하면 학습능력과 기억력이 더 발달한다는 연구 결과들이 많이 있어요. 특히 뇌가 성장하는 시기인 어린이와 청소년 시기의 운동이 매우 중요하다고 해요.

 # 나는 비만일까요?

여러분은 스스로 살이 쪘다고 생각하나요? 아니면 너무 말랐다고 생각하나요? 건강한 몸을 위해서는 몸의 지방 양을 적당하게 유지하는 것이 중요해요.

몸에 지방이 너무 많이 쌓여 비만이 되면 몸을 움직이기 어려워질뿐만 아니라 폐나 심장이 제대로 일을 못하게 됩니다. 호르몬의 분비에도 이상이 생기지요. 혈액 속에 지방 성분이 많아지면 고혈압이 될 위험이 높아져요. 또 비만이 되면 당뇨병이나 심장병 같은 질병에 걸릴 확률도 높아진다고 해요.

반대로 너무 마른 것도 건강에 좋지 않아요. 지방이 너무 없으면 몸에 에너지를 제대로 공급하지 못하기 때문에 권태감이나 무기력을 느끼게 돼요. 또 조금만 움직여도 숨이 차는 등 정상적인 생활을 하기 힘들지요. 또 너무 마른 사람은 면역력도 약하답니다.

그렇다면 어느 정도가 적당한 걸까요? 성장기에는 어른과는 다른 기준이 있어요. 나이와 키에 따른 표준 체중을 기준으로 표준 체중보다 너무 많이 나가는지 혹은 너무 적게 나가는지 확인해 봐야 하지요. 국가에서 운영하는 식품정보 홈페이지 www.foodnara.go.kr로 들어가서 식생활 정보 〉 식품과 질병 〉 비만에 있는 'BMI(Body Mass Index; 체질량지수) 계산기'를 이용해서 여러분의 비만도를 측정해 보세요.

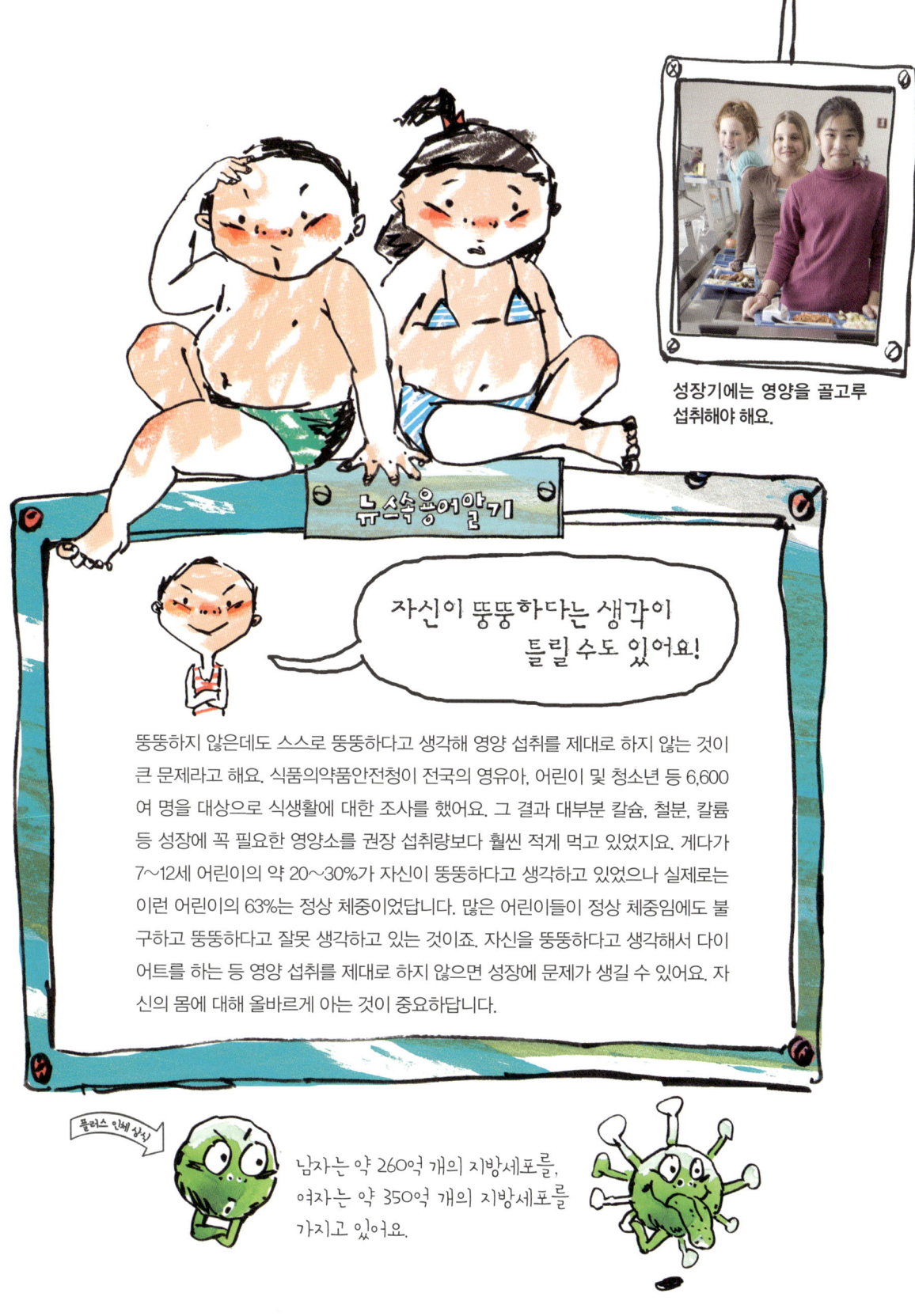

성장기에는 영양을 골고루 섭취해야 해요.

뉴스 속 용어 알기

자신이 뚱뚱하다는 생각이 틀릴 수도 있어요!

뚱뚱하지 않은데도 스스로 뚱뚱하다고 생각해 영양 섭취를 제대로 하지 않는 것이 큰 문제라고 해요. 식품의약품안전청이 전국의 영유아, 어린이 및 청소년 등 6,600여 명을 대상으로 식생활에 대한 조사를 했어요. 그 결과 대부분 칼슘, 철분, 칼륨 등 성장에 꼭 필요한 영양소를 권장 섭취량보다 훨씬 적게 먹고 있었지요. 게다가 7~12세 어린이의 약 20~30%가 자신이 뚱뚱하다고 생각하고 있었으나 실제로는 이런 어린이의 63%는 정상 체중이었답니다. 많은 어린이들이 정상 체중임에도 불구하고 뚱뚱하다고 잘못 생각하고 있는 것이죠. 자신을 뚱뚱하다고 생각해서 다이어트를 하는 등 영양 섭취를 제대로 하지 않으면 성장에 문제가 생길 수 있어요. 자신의 몸에 대해 올바르게 아는 것이 중요하답니다.

남자는 약 260억 개의 지방세포를, 여자는 약 350억 개의 지방세포를 가지고 있어요.

컴퓨터와 휴대전화, 왜 해로워요?

컴퓨터와 휴대전화를 오래 사용하면 건강이 나빠진다고 해요. 그런데 도대체 어디가 어떻게 나빠지는 걸까요?

먼저 컴퓨터와 휴대전화에서 나오는 전자파 때문에 건강이 나빠질 수 있어요. 전자파를 오래 쐬면 임신이 잘 되지 않거나 뇌에 암이 생길 수 있다는 연구 결과가 있지요. 전자파는 전기가 흐르는 곳이면 어디서나 생겨요. 그런데 컴퓨터와 휴대전화처럼 몸 가까이에 두고 사용하는 전자제품의 전자파는 몸에 더 많은 영향을 준다고 해요. 또 컴퓨터와 휴대전화를 오래 사용하면 손목이나 목과 어깨, 허리 등에 무리가 가거나 잠이 부족해져서 건강이 나빠지기도 합니다.

특히 컴퓨터와 휴대전화로 게임을 하는 경우, 건강에 악영향을 줄 수 있어요. 게임을 하는 동안 뇌에서는 우리를 흥분하게 만드는 신경전달물질이 많이 나와요. 이런 상황이 계속되면 뇌는 기능에 변화를 일으키지요. 쉽게 말하면 머리가 나빠지는 거예요. 또 게임을 많이 하는 어린이일수록 실제 생활에서는 자신감이 떨어지고 혼자 있으려는 경향이 강하다고 해요. 공격적인 게임을 하면 공격성도 매우 높아진답니다.

하루에 몇 시간씩 컴퓨터나 휴대전화를 사용하는 것은 해로워요. 컴퓨터나 휴대전화를 사용할 때는 30분이나 1시간 정도 시간을 정해 놓고, 그 시간 동안만 하는 습관을 들여 보세요.

중독이란 어떤 자극에 대해 지나치게 집착하고, 반복하게 되며, 점점 더 큰 자극을 원하게 되고, 자극을 얻지 못하면 불안하고 초조해지는 것을 말합니다. 게임 중독 역시 게임에 지나치게 집착하게 되고, 게임을 하는 시간을 조절하지 못하게 되며, 게임을 못할 때는 불안하고 초조해지지요.

어때요? 혹시 게임 중독이 의심되나요? 만약 게임에 중독이 되었다면 치료가 필요합니다. '그깟 게임, 맘만 먹으면 안 할 수 있어'라고 생각할지도 몰라요. 하지만 중독이라는 것은 이미 스스로의 힘으로는 끊기 힘든 것으로 그 자체가 병이랍니다. 특히 게임 중독은 하나의 증상에 불과하고 그 원인은 우울증이나 주의력결핍과잉행동장애(ADHD)와 같은 다른 정신장애일 수도 있어요. 게임 중독이 의심된다면 혼자서 고민하지 말고 의사 선생님의 도움을 받아 보세요.

 백해무익한 담배와 위험한 술

'백해무익'은 해롭기만 하고 이로운 것이 하나도 없다는 뜻이에요. 그런데 담배야말로 백해무익한 것이에요. 우리 몸에 해롭기만 하답니다.

담배에는 3,800가지 이상의 화학 물질이 포함된 것으로 알려져 있어요. 이 중에서 타르와 일산화탄소, 그리고 니코틴과 같은 물질은 대표적인 담배 속 해로운 물질이지요. 타르는 암을 일으켜요. 일산화탄소는 산소 대신 혈액과 결합하기 때문에 몸에 산소가 부족하게 만들지요. 니코틴은 신경세포들 간에 정보 전달을 방해합니다. 담배가 위험한 또 한 가지 이유는 중독성이에요. 담배는 마약만큼 중독성이 강해서 한번 피우기 시작하면 끊고 싶어도 쉽사리 끊을 수 없게 되지요.

공공장소의 금연 표시

그렇다면 술은 어떨까요? 술의 주성분은 알코올이에요. 술에 취한다는 것은 술 속에 든 알코올로 인해 뇌가 제 역할을 못하게 된다는 의미랍니다. 알코올은 뇌의 감정 조절 중추에 영향을 줘서 감정을 제대로 조절할 수 없게 돼요. 또한 몸의 운동을 조절하는 소뇌에도 영향을 미쳐서 몸을 비틀거리게 되고, 똑바로 걷지 못하지요. 또 다음 날 자신이 무슨 일을 했는지 전혀 기억하지 못할 수도 있어요. 술은 위염, 위궤양, 지방간, 간암 등 다양한 질병을 일으키기도 합니다. 더욱 무서운 점은 술도 담배처럼 중독된다는 거예요.

적당한 양의 술은 심장병이나 치매에 걸릴 위험을 낮춘다는 연구 결과도 있어요. 하지만 적당한 양이라는 것이 중요해요. 과학자들은 조금만 방심해도 술이 건강을 해칠 수 있으니 주의해야 한다고 경고하지요.

알코올이 든 혈액이 폐로 가면 숨을 내쉴 때 알코올이 밖으로 나와요. 그래서 음주측정기에 후우 하고 숨을 내쉬면 혈중 알코올 농도가 몇 퍼센트인지 알 수 있지요.

2차 흡연과 3차 흡연이 뭔가요?

2차 흡연이나 3차 흡연이 위험하다는 뉴스를 들은 적이 있나요? 담배를 직접 피우는 것은 1차 흡연이에요. 2차 흡연과 3차 흡연은 간접흡연으로, 흡연자 옆에서 연기를 마시게 되는 것은 2차 흡연, 흡연자의 몸이나 옷에서 담배 냄새를 맡거나 담배를 피웠던 공간에 남아 있는 냄새나 물질에 노출되는 것을 3차 흡연이라고 하지요. 2차나 3차 흡연도 1차 흡연만큼 건강에 해롭다고 해요. 눈에 보이는 담배 연기는 없지만 폐 속 혹은 옷에 남아 있던 해로운 성분이 주변 사람들의 건강에 나쁜 영향을 미친다고 하니 더욱 주의해야겠어요.

내 몸으로 직접 실험해 보기

무모한 도전! 몸으로 이런 실험을?

패스트푸드만 먹으면 어떻게 될까요? 산성이 강한 위에서도 세균이 살 수 있을까요? 잠을 자지 않으면 어떻게 될까요? 이런 궁금증을 해결하기 위해 감독과 과학자, 그리고 열일곱 살 고등학생이 자신의 몸으로 직접 실험하는 무모한 도전에 나섰어요. 어떤 실험이었고 그 결과는 어떻게 나왔을까요?

☆ 패스트푸드만 먹은 감독

2004년, 괴짜 다큐멘터리 감독인 모건 스펄록은 한 달 동안 하루 세 끼를 모두 패스트푸드점에서 판매하는 음식만 먹으면 어떻게 될지 궁금해졌어요. 그래서 그는 자신의 몸으로 직접 실험해 보기로 했죠. 그리고 이 모든 과정을 다큐멘터리 영화로 만들었어요. 한 달을 버틴 결과, 그는 체중이 무려 11kg이나 늘고 혈압과 혈중 콜레스테롤 수치가 엄청나게 치솟았지요. 무모한 도전이었지만 패스트푸드가 건강에 미치는 영향에 대해 사람들이 관심을 갖게 만들었답니다.

☆ 환자의 위액을 마신 헬리코박터 박사

'헬리코박터 파일로리'라는 균에 대해 들어 본 적 있나요? 이 균의 존재는 배리 마셜이라는 호주의 과학자에 의해 밝혀졌지요. 1984년, 배리 마셜 박사는 환자의 위액을 꿀꺽 마셔 버렸어요. 헬리코박터 파일로

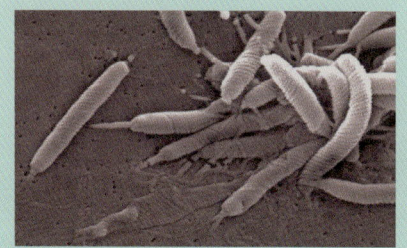

헬리코박터 파일로리

리 균을 먹기 위해서였답니다. 그때까지만 해도 사람들은 강한 산성인 위액 속에서는 균이 살 수 없다고 믿고 있었어요. 하지만 마셜 박사는 헬리코박터 파일로리를 직접 삼킴으로써 위 속에도 균이 살 수 있으며 이 균이 위염을 일으킨다는 사실을 밝혀냈어요. 마셜 박사는 이 공로로 2005년 노벨 생리의학상을 수상했답니다.

☆ 264시간을 안 자고 버티면?

사람은 도대체 얼마나 안 자고 버틸 수 있을까요? 열일곱 살 고등학생이던 랜디 가드너가 이 궁금증을 해결하기 위해 무모한 도전을 했어요. 랜디는 무작정 잠을 자지 않고 버텨 보았답니다. 랜디는 어떻게 되었을까요? 잠을 안 잔 지 4일이 지나자 우울증이 생기고 환각이 나타났어요. 9일째는 앞이 잘 보이지 않을 정도였지요. 11일째가 되자 근육이 떨리고, 숫자를 제대로 세지 못하며, 방금 한 일도 기억하지 못하게 됐다고 해요. 11일간 잠을 안 잔 랜디는 가장 오래 잠을 안 자고 버틴 사람으로 기네스북에 기록됐답니다.

사진 출처

Dreamstime, Photos, Wikimedia Commons(ALEF7, André Karwath, Anna Frodesiak, Dr. Edwin P. Eric Erbe, Ewing, Jr., Evan Amos, Frederick Gutekunst, Garrondo, Gilles San Martin, Gunnery Sergeant Michael Q., Ineuw, James Gathany, James Heilman, James R. Evans, Janice Carr, JoAnn Moravac, Joel Mills, Kelvinc, Looie496, L. W. Yang, Materialscientist, Michael L. Kaufman, Mike Pennington, Nephron, Netsnake, Nevit Dilmen, Nimur, Pia von Lützau, Signsolid, Yi and Ralf Thomann), Wikipedia

- 이 책에 실린 사진은 저작권자의 허락을 받아 게재한 것입니다.
- 저작권자를 찾지 못해 게재 허락을 받지 못한 일부 사진은 저작권자가 확인되는 대로 게재 허락을 받고 통상 기준에 따라 사용료를 지불하겠습니다.

찾아보기

ABO식 혈액형 · 102
DNA(디엔에이) · 16
X선(엑스레이) · 23

ㄱ

각막 · 41
감각뉴런 · 78
감각수용기 · 70
고막 · 58
고환 · 146
골지체 · 15
공생 · 128
관절 · 24
귓돌 · 61
근세포 · 28
근시안 · 42
근원섬유 · 28
기관 · 88
기관지 · 88
기도 · 56
기생 · 128
기생충 · 128

ㄴ

난소 · 144
난자 · 144
내분비샘 · 138
내시경 · 126

네프론 · 130
뇌 · 76
뇌사 · 80
뉴런 · 78

ㄷ

달팽이관 · 58
대동맥 · 96
데시벨 · 59
동공 · 40
동맥 · 98
동맥경화 · 99
둥근주머니 · 60
등자뼈 · 58
디옵터 · 45

ㄹ

라식수술 · 44
라섹수술 · 44
라이소자임 · 54
뢴트겐 · 23
리보솜 · 15
리소좀 · 15

ㅁ

막대세포(간상세포) · 40
맛봉오리(미뢰) · 66
망막 · 40

망치뼈 · 58
맹장 · 122
맹점 · 41
멘델의 법칙 · 150
멜라닌 · 32
모루뼈 · 58
몽정 · 145
물렁입천장 · 56
미오신 · 28
미토콘드리아 · 15

ㅂ

바이오 매트릭스 · 41
반고리관(세반고리관) · 60
백혈구 · 100
백혈병 · 101
부비동 · 53
불수의근 · 28

ㅅ

사춘기 · 142
상대정맥 · 96
색맹 · 46
성대결절 · 95
성장판 · 140
세포 · 14
세포막 · 15
세포질 · 15

소포체 · 15
수면무호흡증 · 56
수정 · 148
수정란 · 144
수정체 · 40
숙주 · 128
시험관 아기 · 149
식물인간 · 80

ㅇ

아밀레이스 · 114
아토피 피부염 · 33
안락사 · 81
알레르기 · 107
알츠하이머 · 82
액틴 · 28
에스트로겐 · 142
연골 · 24
연동운동 · 132
연합뉴런 · 78
염기 · 16
염색체 · 16
요소 · 130
우심방 · 96
우심실 · 96
원뿔세포(원추세포) · 40
원시안 · 42
월경 · 144
유산소 운동 · 162

유스타키오관 · 64
유전자 · 16
음경 · 146
이란성 쌍둥이 · 152
인대 · 24
인돌 · 51
인큐베이터 · 149
일란성 쌍둥이 · 152

ㅈ

자궁 · 144
적혈구 · 100
전자파 · 166
정맥 · 98
정자 · 146
좌심방 · 96
좌심실 · 96

ㅊ

착시 · 73
청소골 · 58
충수 · 122
충수염 · 122
치매 · 82

ㅋ

케라틴 · 34
콩팥(신장) · 130

ㅌ

타원주머니 · 60
테스토스테론 · 142
틱 · 29

ㅍ

판막 · 97
펩신 · 114
폐동맥 · 96
폐정맥 · 96
폐포 · 88
폐활량 · 108
포경 수술 · 147

ㅎ

하대정맥 · 96
항체 · 106
해마 · 77
핵 · 15
혈소판 · 100
혈장 · 100
호르몬 · 138
홍채 · 40
황반 · 41
횡격막 · 88
후각섬모 · 50
후두 · 94
히스타민 · 107

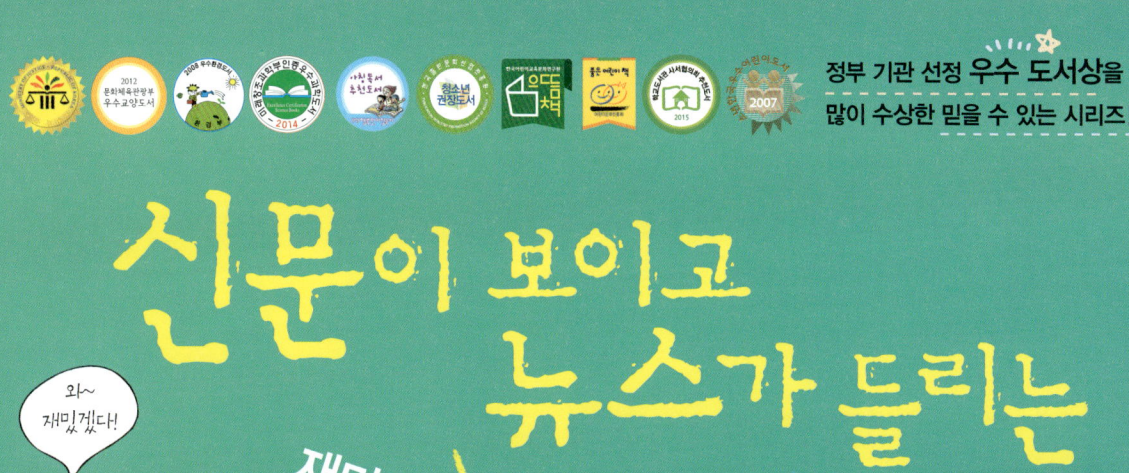

사회와 추리의 만남
모든 사건의 열쇠는 사회 교과서에 있다!

대한민국 대표 어린이 추리 동화
〈어린이 과학 형사대 CSI〉를 잇는 또 하나의 시리즈,
교과서 속 핵심개념으로 사건을 풀어가는
'어린이 사회 형사대 CSI'의 이야기!

다섯 친구들이 펼치는 좌충우돌 형사 학교 이야기.
이제부터 사회 CSI와 함께 흥미진진한
사건들을 해결해 보자!

사회 형사대 CSI 시즌 1 완간!

❶ CSI, 탄생의 비밀 ❷ CSI, 힘겨운 시작 ❸ CSI에 도전하다 ❹ CSI, 파란만장 적응기
❺ CSI, 위기에 처하다 ❻ CSI, 경찰서 실습을 가다 ❼ CSI, 영국에 가다
❽ CSI, 정치 사건을 해결하다 ❾ CSI, 멋진 친구들! ❿ CSI, 새로운 시작